ブルーインパルズ

本物そっくり！ 立体紙ヒコーキ

を作って飛ばそう！

小島貢一 著

二見書房

福島の街の上空に現れた T-4 の優美な編隊ターン

大空のキャンバスに巨大なハートが浮かび上がった

6 機が描いた 6 つの輪は大きな桜の花びらになった

はじめに

　2013年6月1日、私は阿武隈川に架かる橋の上で、仙台方面からやってくるそれをカメラを手に待ち構えていました。やがて甲高いジェット音を響かせて、小さな飛行編隊が翼をきらめかせて私の目に飛び込んできました。天空から現れたホワイト＆ブルーの機影は青い空に映えて、まぶしく輝いていました。

　2年前の大震災の傷跡も生々しい福島で開催された第3回「東北六魂祭」に、6機のT-4ブルーインパルスが飛んで来てくれたのです。彼らは福島上空でスモークを曳くと、六魂祭の会場めざして飛んで行きます。目で追っていると、6機は青空に6つの大きな弧を描きました。それは桜の花びらをかたどったもので、空にサクラを咲かせました。6つの輪は、「東北6県は堅い絆でつながっている！」というメッセージのようでした。続いて描かれた大きなハートにも和まされ、美しい編隊ターンなど30分ほどの曲技に福島の人々は励まされました。このブルーインパルス部隊も、3か月前にようやく九州から宮城県のベース基地（松島基地）に復帰したばかりだったのです。

　そんな「T-4」に感謝の意を込めて紙ヒコーキにしてみました。できるだけ本物に近く、なるべく簡単に作れる紙のヒコーキを目指しました。そして、プラモデルとは違って"飛ぶペーパーモデル"に挑戦しました。翼が小さく機体が重いので、折り紙ヒコーキのようにふんわりとは飛びませんが、楽しみながら作って、飛ばしてみてください。

　ブルーインパルスの歴史を紙ヒコーキでたどります。1964年東京オリンピックで五輪を大空に描いた初代ブルーインパルス「F-86F」、続いて国産初の超音速高等練習機・2代目ブルーインパルス「T-2」を収録しました。さらに"平成のゼロ戦"といわれた先進技術実証機「X-2」と、およそ80年前に生まれた「ゼロ戦」も再現してみました。ブルーインパルスの本になぜゼロ戦を？　と思われるかもしれませんが、世界で初めて認知された名機に日本人の「ものづくり精神」が宿っているような気がするからです。

　本物そっくりを目指した収録機は、どれも作りにくいパーツ（部品）がありますが、比較的やさしい「F-86F」から作り始めてください。丁寧に、焦らず、ゆっくりと作ってください。そして完成したら、室内でまず試験飛行を。うまく飛んだら、風のない天気の良い日に、外へ出てゴム・カタパルトで飛ばしてみましょう。

Paper Airplane Gallery

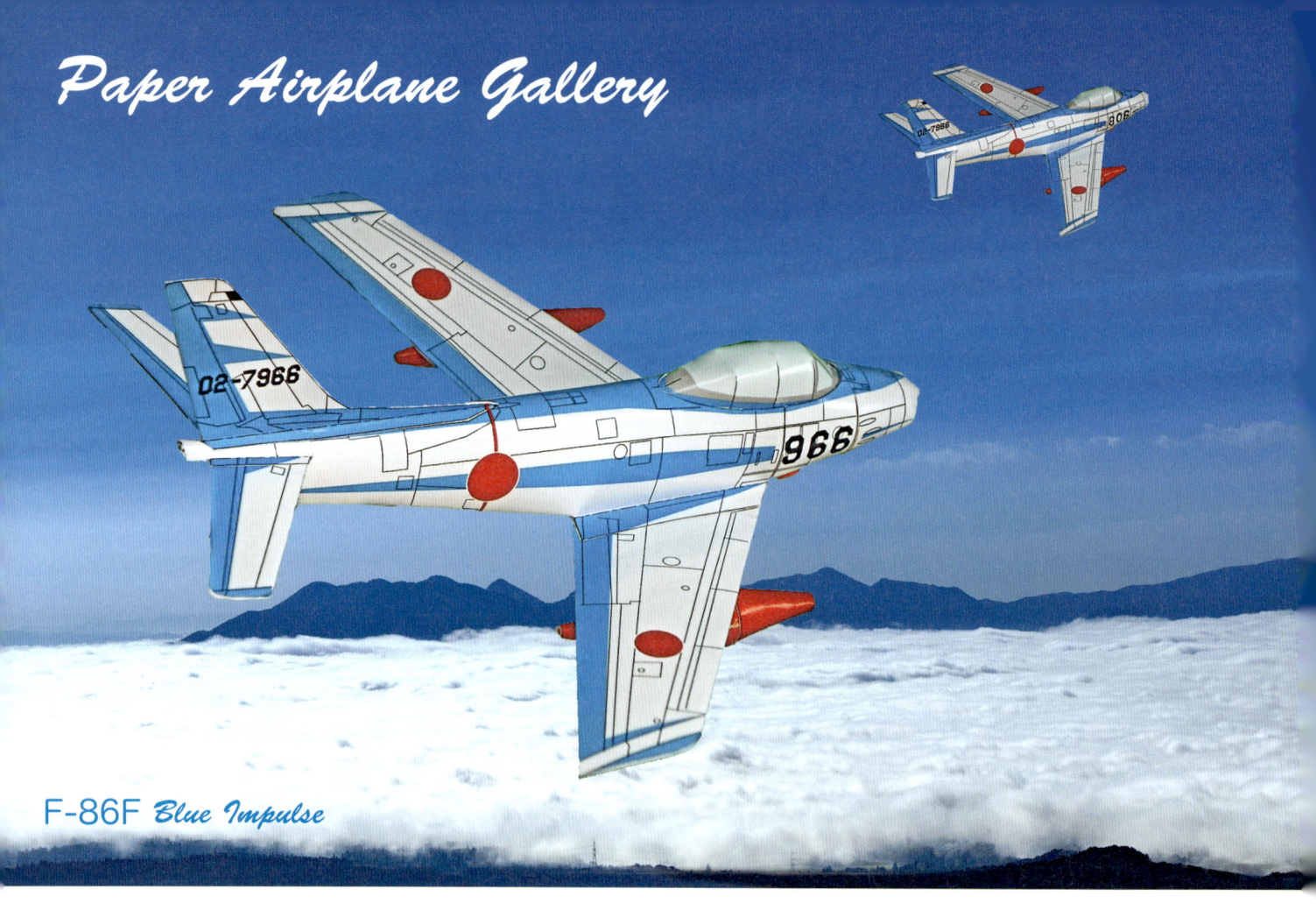

F-86F *Blue Impulse*

T-4 *Blue Impulse*

T-2 *Blue Impulse*

T-4 Red Dolphin

X-2

零式艦上戦闘機 21 型

ブルーインパルス３代記

〜初代 F-86F から T-2、T-4 まで 60 年にわたる大空の曲芸〜

富士をかすめて F-86F の編隊飛行

F-86F セイバー ★初代ブルーインパルス

　1958 年、自衛隊が誕生して 4 年目の浜松北基地（現在の浜松基地）の開庁記念式典において、コールサイン「チェッカー・ブルー」の 3 機の F-86F セイバーがアクロバット飛行を披露した。これが、ブルーインパルスの前身である。

　このときの編隊長は、操縦教官要員としてアメリカ留学した際にネリス空軍基地でアクロバットチーム「サンダーバーズ」のみごとな飛行演技に深い感銘を受けた。帰国後、浜松基地の第 1 航空団第 1 飛行隊の教官として着任し、本来業務のかたわら秘密裏にアクロバット飛行の練習を行っていた。ところが、この自主訓練が飛行隊長にばれてしまった。しかし、飛行隊長は彼らを処分するどころか、航空団の上層部にかけあい、正式に訓練ができる場を設けてくれた。その成果を初めて公開披露したのが、前述した展示飛行であった。3 機のセイバーの姿を追う観覧者の目に、華やかな飛行の舞を焼き付け、大成功を収めたのである。

F-86F 操縦席の計器盤

名機の華麗な姿を間近に見られる「浜松広報館」

　このときのコールサイン「チェッカー・ブルー」のブルーは、たんに第 1 飛行隊（チェッカー）が編隊飛行する際に使うカラーシリーズの 1 つに過ぎなかったが、奇しくもその後 60 年以上にわたって青空の舞を象徴するシンボル名となった。

　この編隊チームは翌年解散するが、その火は消えることなく、正式なアクロバットチーム発足への準備が進められた。そこには当時の空幕長の夢が託されていたといわれる。十数年前の第二次大戦中、空幕長は曲芸飛行を行う「編隊特殊飛行チーム」の隊長だったのである。

　ブルーインパルスの第1回展示飛行は1960年3月4日、浜松北基地で一般公開の前に行われた空幕防衛部長らによる検閲飛行が、初の公式展示飛行とされている。同年4月16日、浜松北基地に「空中機動研究班」として、航空自衛隊初のアクロバットチームが正式に誕生した。同年8月1日、「特別飛行研究班」と名称が変わり、愛称も新時代に相応しく「ブルーインパルス」と付けられた。地元の天竜川にちなんで「天竜」という愛称も一度は使ったが、コールサインを送る際に無線通信で聞き取りにくく、古くさいという意見もあって、当時のコールサイン「インパルス・ブルー」を逆にした愛称に決まった。

入間基地の航空祭でカラースモーク

　ブルーインパルスの機種は、初代のF-86Fだけが戦闘機、2代目、3代目は練習機である。当初はノーマルなF-86Fで飛行展示を行っていたが、1961年後半からカラースモークを用いた飛行が始まり、同時にアクロ機専用の塗装が施された。やがて航空自衛隊・浜松基地を舞台として、パイロット訓練生たちと赴任してきたベテラン教官の姿を描いた東宝映画『今日もわれ大空にあり』の撮影に協力したお礼として、東宝美術部が機体を彩る塗装を手掛け、1964年から「ブルーインパルス」の正式デザインとして採用された。それは奇しくも東京オリンピック開催の年だった。以来、引退するまで機体色は18年間変わらなかった。

　そして1964年東京オリンピック、ブルーインパルスは世界のヒノキ舞台で華々しいデビューを飾ることになった。その開会式で国立競技場の上空で演じたF-86Fの「奇蹟のフライト」は今もなお熱く語り継がれている。当初は、たんにフライバイ(航過飛行)の要請だったが、当時の空幕長の提案により「五輪マーク」を描くことになったという。そのために準備が進められたが、大変だったのが5輪マークの色──青、黄、黒、緑、赤のうち、黒だけがうまく発色せず、試行錯誤のすえ完成したのが開会式の10日前だった。

航空自衛隊浜松基地から離陸するF-86Fの編隊飛行

当日、青く晴れた空にみごとな五輪マークを描き、ブルーインパルスの名は世に知れ渡った。

この一大イベントにも裏話がある。みごと5輪マークを描くことに成功したのは、開会式当日の1回きりだった。しかも、その前夜は大雨だったので搭乗員たちは飛行展示は延期と確信し、深夜まで新橋で飲んでいたという。ところが翌朝、空は快晴！　パイロットたちは真っ青になった。慌てて入間基地に駆けつけて国立競技場めざして飛び立った！

そんな武勇伝も語り継がれている。このときの5輪マークがきれいに描画されたので、閉会式にもぜひと要請されたが、「あれは奇蹟の5輪です」と丁重に断ったという。

大阪万博の空文字は地上から読める逆さ文字で……

また、1970年には大阪万博では「EXPO'70」の文字を描いた。こちらも当初はフライバイだけの要請だったが、自主研究をして「6機で飛行すれば文字が描ける」と部隊側から提案したという。開会式当日、大阪万博会場は快晴に恵まれ、約2分30秒という短時間できれいに「EXPO'70」の文字を描くことに成功した。

こうして初代ブルーは、通算545回目の公式展示飛行を入間基地で実施し、多くのファンに惜しまれながら引退した。

入間基地で引退間際のF-86Fを展示準備中

T-2 ★2代目ブルーインパルス

　1970年代後半になると、F-86F ブルーインパルスの後継機が検討されるようになった。F-86F と同様に戦闘機からの選択をすれば、アメリカの「ブルーエンジェルス」のように F-4 ファントムを起用することも考えられた。しかし、日本製の「国産機」によってパフォーマンスを行うことが、日本の防衛力や航空産業のレベルを誇示するうえで意義があるとされ、導入案が進められていた T-2 が後継機にふさわしいという結論に達した。

　当初は数名の教官による自主訓練が行われていたが、1977年7月から宮城県の松島基地上空での訓練が開始された。そして翌年3月、T-2 によるアクロバット飛行に関する検討と調査研究の指示が出された。

　T-2 は超音速機だから、飛行速度の高速化に伴いターン（旋回）やループ（宙返り）の半径が大きくなる。よって会場上空へ戻ってくるのに時間がかかるため、演技課目の間が空く。そのため T-2 を採用するなら、「1機増やした6機体制による展示飛行が効果的だ」という研究報告がまとめられ、1979年には新たなブルーインパルスとして6機の T-2 が起用されることになった。実際には、展示飛行用に新造された6機に加え、練習機を改修した予備の2機を合わせた計8機で運用された。

入間基地の航空祭につめかけた観衆の前を滑走路に向かう T-2 の勇姿（1982年）

スリムな胴体の両脇にエア・インテーク

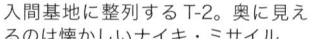

入間基地に整列するT-2。奥に見えるのは懐かしいナイキ・ミサイル

その後、1983年と1986年に改修機が1機ずつ補充されたが、主な改修箇所はスモーク発生装置だった。アクロバット用に胴体内の燃料タンクの一部をスモークオイル用に転用したのだ。

2代目ブルーインパルスの機体デザインは、1980年10月に一般公募された。そして翌年1月に採用された最優秀賞は、女子高校生4人が楽しみながら創作したものだった。それは先代F-86Fのデザインを継承しない斬新な色彩だったが、T-2のシャープな機体の形状によくマッチしたカラーリングだった。

1982年1月12日、松島基地の第4航空団第21飛行隊内に「戦技研究班」が新編入され、正式に「T-2ブルーインパルス」が誕生した。それはF-86Fブルーインパルスの最後の展示飛行から1年半が経過した1982年7月、松島基地航空祭でT-2によるブルーインパルスでは初の公式展示飛行が実施され、同年8月の千歳基地の航空祭から本格的なアクロバット飛行が演じられた。

T-2ブルーの展示飛行はF-86Fより最低高度がやや高くなったが、そのエンジン音の大きさにより迫力に満ちていた。そして、離陸時の加速でアフターバーナーを使用する際、スモーク用のスピンドル油が燃焼して長い炎を曳く「トーチング」は世界のどのアクロチームにもないT－2ブルーだけの特徴だった。

離陸直後のトーチングがロケット噴射のように勇ましかった

　ブルーインパルス創設 30 周年に当たる 1990 年、大阪の「国際花と緑の博覧会」では大空に巨大なチューリップのシンボルマークを描いた。このフライトには保有する 9 機すべてが投入され、高度 1 万フィート上空に描かれた花の全長は 20km にも及んだ。

　さらに 1994 年 8 月の三沢基地では、米空軍のサンダーバーズとの共演飛行を果たし、ブルーの歴史に華やかな色を添えた。

　そして 1995 年 12 月、T-2 は通算 175 回目の公式展示飛行を浜松基地で披露して、静かにその翼を休めた。

浜松広報館に展示の T-2 計器盤

T-2 は下記の展示場所で見学できる───
● 静岡県浜松市・航空自衛隊浜松基地「浜松広報館」
● 宮城県東松島市・ＪＲ仙石線 鹿妻（かづま）駅前
● 石川県小松市・「石川県立航空プラザ」（小松市安宅新町）
● 岐阜県各務原市・「岐阜かかみがはら航空宇宙博物館」
● 茨城県小美玉市・航空自衛隊百里基地
● 青森県三沢市・「青森県立三沢航空科学館」

JR 仙石線・鹿妻駅前の 45 号線沿いに展示された T-2

T-4 ★3代目ブルーインパルス

50 周年以来の部隊マーク

　1992 年 10 月、松島基地の第 4 航空団第 21 飛行隊に「T-4 準備班」が発足した。これまでのブルーインパルスと異なる点は組織の編成である。従来、"ブルー"パイロットの本来業務は教官であり、アクロバット飛行はあくまで兼務だった。ところが、T-4 ブルーから独立した飛行隊にすることで、航空祭などのイベントを催す週末は忙しくなるが、週明けには休暇を取ることができる。

　また、戦闘機パイロットとしての「生涯飛行時間」が削減されるという問題も、任期を 3 年にする（任期終了後は元隊に戻る）ことで解消され、専属パイロットとして任務に専念できて士気も保たれることになった。さらに教官と兼務では"ブルー"パイロットの養成にも支障をきたすので、これを解決するためにも独立した飛行隊にしたのである。

　1992 年 11 月、3 代目ブルーインパルスの塗装デザインの一般公募が行なわれた。応募作から、精神科医で航空機ファンとしても知られる斎藤章二氏のデザインが採用された。ちなみに斎藤氏は、歌人・斎藤茂吉の孫であり作家・北杜夫の甥にあたる。

2011年千歳航空祭。曲技飛行の開始直前、パイロットがエンジンスタートさせて地上整備員に準備完了のサインを送る。この後タキシングして発進！

1994年10月には松島基地第4航空団に「臨時第11飛行隊」が編成され、翌年7月には松島基地航空祭で「研究飛行」が披露され、T-2ブルーとアクロバット飛行を競演した。そして同年12月、その第4航空団に正式な「第11飛行隊」が発足した。

1996年、アメリカ空軍からブルーインパルスへ、アメリカ空軍創設50周年を記念してネバダ州のネリス空軍基地で催される航空ショー「ゴールデン・エア・タトゥー」への出演依頼があった。それはブルーインパルス史上初となる国外での展示飛行となった。しかしT-4には太平洋を横断するだけの飛行能力がないため、輸送船に積んでアメリカ本土まで海上輸送することになった。

翌1997年3月、陸上自衛隊の木更津駐屯地まで運ばれた機体は、クレーンで船積みされ、木更津港を後に太平洋を渡った。そして4月25日〜26日に開催された「ゴールデン・エア・タトゥー」ではアメリカ空軍のサンダーバーズのほか、カナダ空軍のスノーバーズ、ブラジル空軍のエスカドリラ・ダ・フマサ、チリ空軍のアルコネス、そして日本のブルーインパルス——5か国のアクロバット飛行チームが競演することになった。サンダーバーズのような迫力はなかったものの、正確で緻密なパフォーマンス、そして海外での初演技にもかかわらずトラブル無しの整備・支援体制は高い評価を受けた。

1998年、長野オリンピックの開会式では、冬空に鮮やかな飛行の舞を演じて見せた。ベートーヴェンの交響曲第9番「歓喜の歌」の大合唱が終わるや、上空に5機のT-4が現れ、5色のスモークを引きながらレベルオープナーを披露してくれた。

松島基地の沖合い上空で「スタークロス」を描く
T-4 ブルー。海面に巨大な星が映っている

サンダーバーズが「トレール」で鳥の連なりに！

2002 年 4 月に行われた防衛大学校の入学歓迎フライトは、T-4 ブルーとしては通算 100 回目の記念展示飛行となった。さらに同年 6 月に開催された FIFA ワールドカップ会場の埼玉スタジアム上空でも、編隊を組んで低空飛行をするフライバイ（航過飛行）を行なった。

2000 年に事故で 2 機を失って以来、4 機体勢で展示飛行を行ってきたが、同年 12 月 1 日の岐阜基地航空祭からは、新たに調達された 2 機が加わり、ふたたび 6 機でアクロバットを披露した。

その後、2009 年 10 月には三沢基地航空祭で、アメリカ空軍の世界的な曲技飛行団〈サンダーバーズ〉との競演が実現。それは 15 年前に T-2 ブルーが同じ三沢基地で競演して以来のことだった。

2010 年 8 月には宮城県の松島基地で、ブルーインパルス 50 周年記念式典が行われた。

そして 2011 年 3 月、九州新幹線・全線開通記念の展示飛行のため福岡の芦屋基地へ向かったが、直後の 3 月 11 日、東日本大震災が発生し、翌日の行事が全て中止された。それどころかブルーインパルスの本拠地、松島基地が津波に襲われて帰還できなくなった。やむなく宮城の基地が復旧されるまで、しばらく北九州をベースとして活動せざるを得なかった。芦屋基地を飛び立った 6 機の T-4 ブルーが、茨城県の百里基地を経由し、故郷・松島基地に舞い戻ったのは 2 年ぶりのことだった。

2013 年 6 月 1 日、東日本大震災の復興活動を励まし後押しする「東北六魂祭」が福島市で開催された。そのパレード会場（国道 4 号線）の北方の空から飛んできた 6 機の T-4 ブルーが、天空から熱い思いを込めて支援メッセージを送って寄こした。それは、福島の空を初めて彩った青い軌跡だった。

「彦根城築城410年祭」で滋賀県・彦根総合運動場の上に咲かせた「サクラ」。
右奥には伊吹山、左手には琵琶湖も見渡せる（2017年 彦根城から）

福岡県・北九州の芦屋基地上空で訓練をする T-4 Red Dolphin（赤イルカ）。
下を流れる遠賀川が玄界灘に流れ込む

Blue Impulse

"蒼い衝撃" *Acrobatic flight*

ブルーインパルスの曲技飛行の演目は50種以上もあり、当日の気象条件（雲の底の高さなど）や空域条件によって演技内容が選ばれる。天候が悪化したときは、曲技飛行ではなく低空での編隊フライバイ（航過飛行）演技が行われる。人気のあるアクロバット飛行の演目をいくつかを紹介しておこう。 本書で作ったT-4を手にして、その動きをなぞってみよう。

★ダイヤモンド・テイクオフ

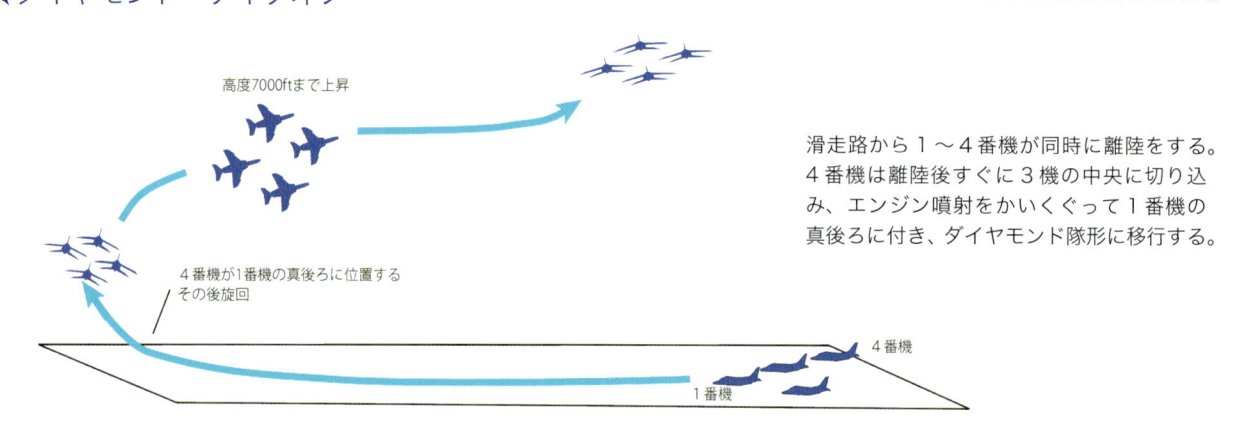

高度7000ftまで上昇

4番機が1番機の真後ろに位置する
その後旋回

4番機

1番機

滑走路から1〜4番機が同時に離陸をする。4番機は離陸後すぐに3機の中央に切り込み、エンジン噴射をかいくぐって1番機の真後ろに付き、ダイヤモンド隊形に移行する。

★フォー・シップ・インバート

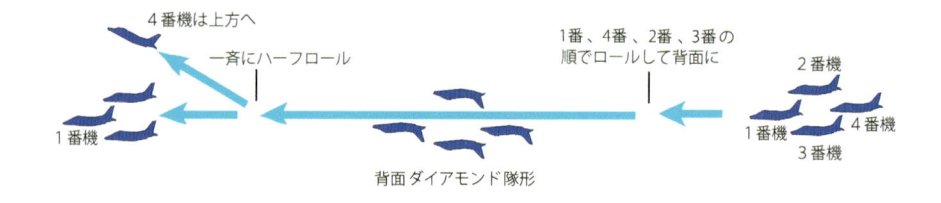

4番機は上方へ

一斉にハーフロール

1番、4番、2番、3番の
順でロールして背面に

2番機

1番機　4番機

3番機

1番機

背面ダイアモンド隊形

ダイヤモンド編隊で会場に進入し、1番機と4番機が同時に背面になり、続いて2番機、3番機が背面になり、背面のままダイヤモンド隊形を完成させる。その後4機同時にハーフロールして水平飛行に戻る。

★バーティカル キューピッド

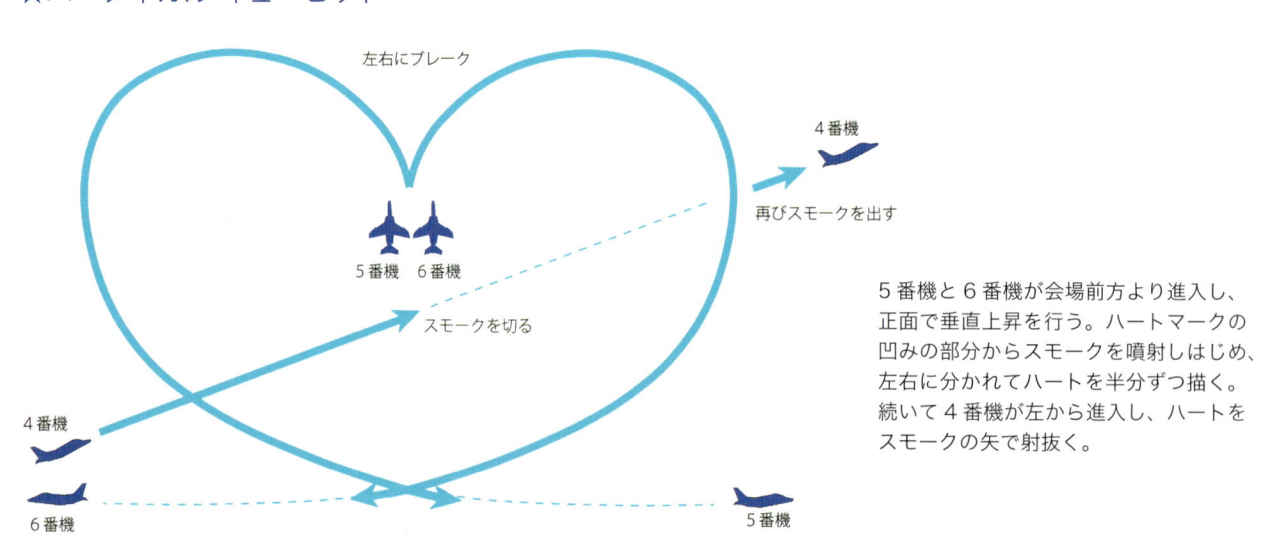

左右にブレーク

4番機

再びスモークを出す

5番機　6番機

スモークを切る

4番機

6番機

5番機

5番機と6番機が会場前方より進入し、正面で垂直上昇を行う。ハートマークの凹みの部分からスモークを噴射しはじめ、左右に分かれてハートを半分ずつ描く。続いて4番機が左から進入し、ハートをスモークの矢で射抜く。

★ワイド・トゥー・デルタ・ループ

1番機〜4番機と6番機の5機が会場後方から大きなデルタ隊形で進入する。観衆の頭上通過後、隊形を保ったままループ開始。上昇しながら各機が徐々に間隔を詰め、頂点を過ぎたあたりで密集したデルタ隊形に戻る。

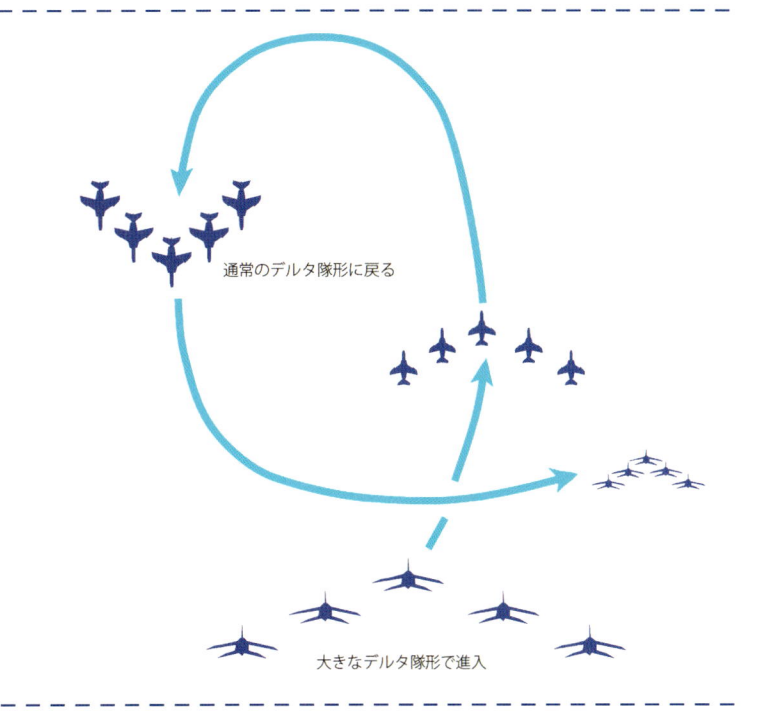

通常のデルタ隊形に戻る

大きなデルタ隊形で進入

★スタークロス

1番機〜4番機と6番機の5機が上昇し、5方向に展開して、青空に五角形の「白い星」を描く。アクロバット飛行のなかでも、とくに人気の高い編隊演目である。

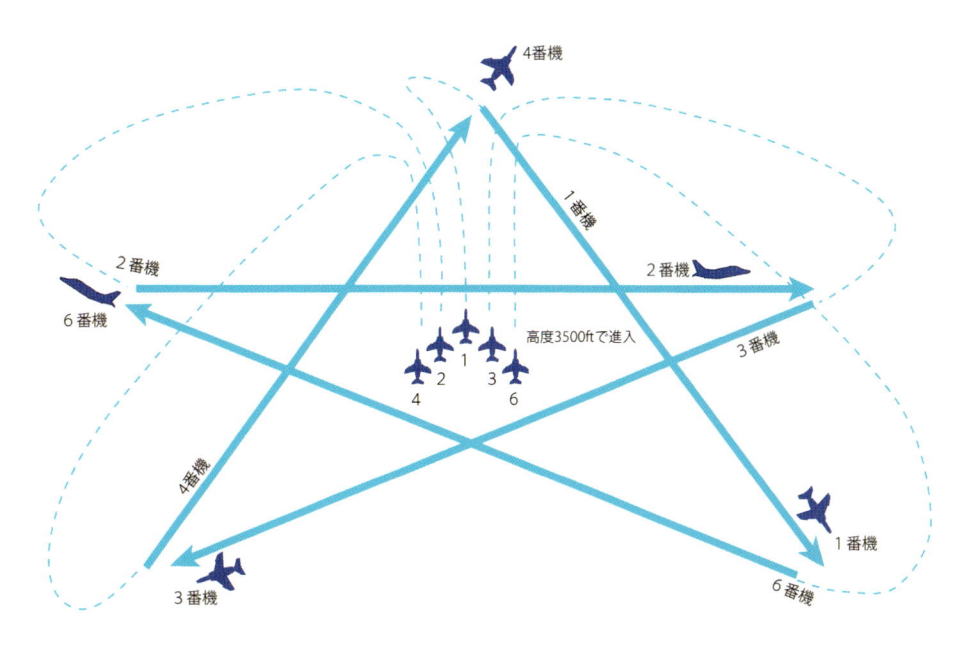

4番機
1番機
2番機
2番機
6番機
高度3500ftで進入
3番機
4番機
1番機
3番機
6番機

★タッククロス

5番機と6番の2機が背面飛行で会場に進入し、ぶつかりそうなほどの近距離で交差する。スリリングなシーンに見上げる観衆から拍手と歓声が湧き上がるアクロバット飛行だ。

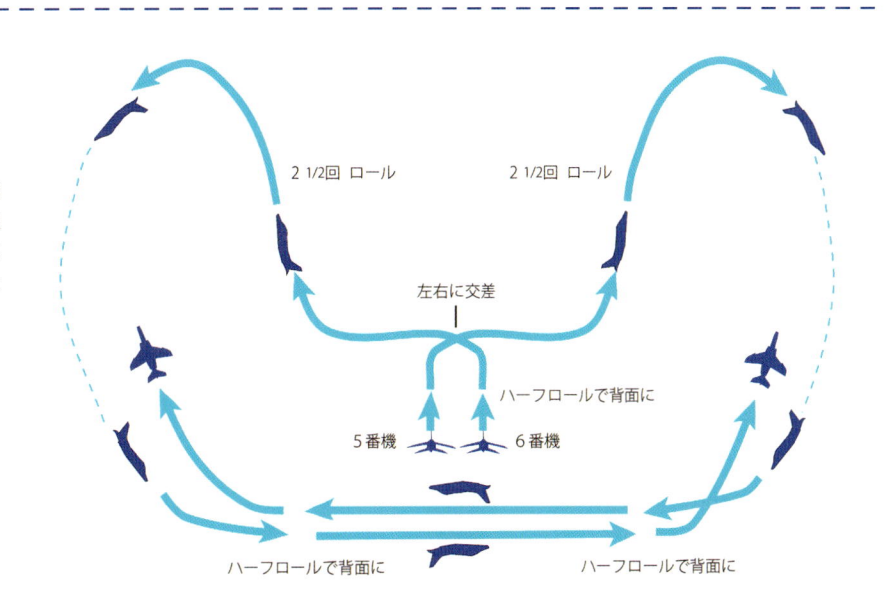

2 1/2回 ロール

2 1/2回 ロール

左右に交差

ハーフロールで背面に

5番機 6番機

ハーフロールで背面に

ハーフロールで背面に

ブルーインパルス
絵ものがたり

～日本の編隊アクロバット飛行～

絵と文：アンドリュー・デュアー

九〇式艦上戦闘機

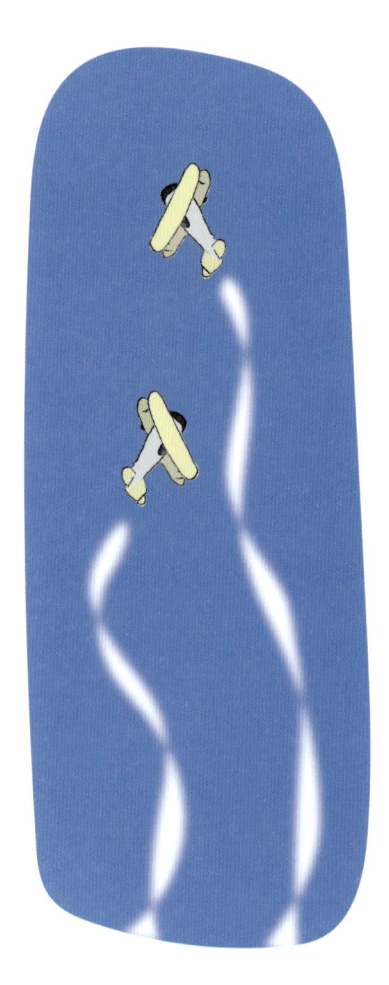

ブルーインパルスが誕生する 30 年以上前、日本にはアクロバット飛行のチームがあった。1932 年 (昭和 7 年)、国家行事である献納式典のイベントの一つとして「編隊特殊飛行」という曲技飛行を民衆の前で披露したパイロットたちがいた。折しも同じ年にアメリカの女性パイロット (A・イアハート) が「大西洋単独横断飛行」と「アメリカ大陸横断無着陸飛行」を果たして、" 飛行機新時代 " の到来を告げていた。

「編隊特殊飛行」を考案したのは海軍戦闘機分隊長の小林淑人大尉と、「三羽烏」と呼ばれた飛行士 2 人。その飛行機は、機体・発動機ともに日本人が初めて設計し、中島飛行機で製造された九〇式艦上戦闘機 3 機だった。彼らは華麗な飛行の舞を披露し、集まった観衆は拍手喝采で見上げていた。それを受けて 1934 年、横須賀海軍航空隊の源田 實 教官が同じ 3 機編成で曲技飛行を各地の空で演じて見せた。初の国産機は国民の寄付金で作られ〈報国号〉と称されたので、感謝の意を込めた飛行機への関心をいっそう高めるパフォーマンスであった。その演技は「源田サーカス」と呼ばれるほど見物客を魅了したが、教官の転属により大空のショーは中止となった。

戦後しばらく経った 1950 年代の終わり頃、航空自衛隊のパイロットたちが非公式に曲技飛行の練習をしていた。1960 年になって、そのアクロバットを正式な場で披露したくなったパイロットたちが、怒られるのを覚悟で航空幕僚長に許可を求めると、意外にもすぐに快諾が得られた。なぜなら、幕僚長がかつての空中サーカスの " 団長 " であった源田教官だったからだ。

こうして「三羽烏」から 30 年の時を経て、正式な曲技飛行チームが誕生し、華やかな飛行の舞を演じることになった。

1932 年、中島飛行機で製造された「九〇式艦上戦闘機」は機体、発動機ともに日本人が初めて設計した優れた性能をもつ海軍機だった

九〇式艦上戦闘機に代わって日本の空に現れたのは、プロペラのないジェット機「セイバー」だった。新時代のアクロバット飛行隊は「ブルーインパルス（青い衝撃）」と称され、新たな青空のエンターテイナーになった。

　ノースアメリカン「F-86F セイバー」は第二次世界大戦の後期に設計され、朝鮮戦争で活躍した優秀な戦闘機だった。日本でも三菱重工によってライセンス生産されると、航空自衛隊の主力ジェット機となった。50 年代末にはより速い F-4 ファントム II と F-104 スターファイターという超音速戦闘機が配備されたが、セイバーの優れた運動性はとくに曲技飛行に向いていた。

　密かに練習を重ねていた F-86F のパイロットたちは同機を「天龍」という愛称で呼び、当然のようにブルーインパルスの初代機として採用した。

　小型だったセイバーの洗練された機能美と、ツバメのように飛翔する華麗な姿はたちまち日本人を魅了した。

　そして晴れの舞台がやってきた。1964 年、東京オリンピックの開会式、国立競技場の上空に現れた 5 機のセイバーが、5 色のスモークで五つの輪を描いて見せ、今に語り継がれる伝説の妙技を演じた。

セイバーのアクロバット飛行と美しい機体が、
日本人の空への憧れにふたたび火をつけた

F-86F セイバーはフライトの前後に
滑走路に展示されていたこともあり、
多くの航空ファンに親しまれた。人
の顔を思わす愛らしい機首、スポー
ツカーのような丸いボディラインは
戦闘機らしからぬデザインだった

　三菱「T-2」高等練習機は最初の国産超音速機であった。1960年代に入ると、航空自衛隊はF-104やF-4のような超音速戦闘機の導入をはじめた。しかし従来の練習機とは性能の差がありすぎて、それらの最新鋭ジェット機に日本人パイロットをたやすく起用することはできなかった。

　まずはパイロットを養成するために超音速を出せる練習機が必要だった。しかし、海外の練習機は高価すぎて、当面は国内で開発することになった。

　そこで三菱重工業は「SEPECAT ジャグアー」などを参考にしながら、細長い胴体に小さな翼をつけた矢のようにシャープな超音速機を開発した。こうして1982年に誕生した日本初の新型ジェット「T-2」が2代目ブルーインパルスとなった。その直線的で勇ましい姿は1995年までの13年間、各地で催される航空ショーの空を舞った。

　T-2 の飛行性能は高等練習機としては適していた。セイバーの曲技飛行を受け継ぐ期待の純国産機だったが、もう少し愛着の持てるデザインだったら青空を華やかに彩っただろう。

　また音速を超える高性能が、ブルーインパルスのアクロバット飛行では生かせなかった。直進飛行は迫力満点だが、小回りが利かず、宙返りなどは広い空間が必要だった。よって観衆から遠ざかって演技するため、パイロットの姿も目にとまるような臨場感がもてなかった。

　しかしその先鋭的なフォルムはマニア受けしたし、当時の日本の保有機のなかでは秀でた性能を有していた。そのため初飛行から引退するまで、30年以上もジェット・パイロットの養成に活躍した。

空に穴を開けるような勢いで飛ぶT-2を目で追いながら、見物人たちから歓声が上がった。離陸時にエンジンから噴射されるオレンジ色の火炎が印象的だった。

T-2の後を継いでブルーインパルス三代目となったのが、川崎重工業製のT-4中等練習機である。T-4はセイバー同様、小型で小回りがきく亜音速のジェット機なので、曲技飛行には最適な機種といえるだろう。

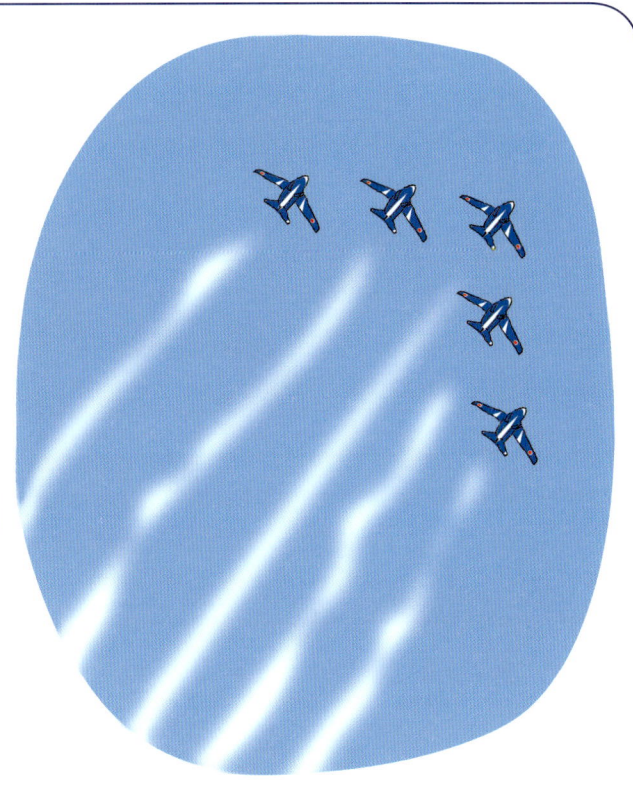

滑走路に展示されても、観衆の上空で機敏なアクロバット飛行を披露しても、可愛らしい丸みのある機体は航空機ファンだけでなく、子どもや女性にも親しまれるデザインで人気を得ている。

キャノピーから機首に延びるラインがイルカに似ていることから「ドルフィン」の愛称をもち、同型の赤い練習機は「レッド ドルフィン」と呼ばれている。"赤イルカ"は福岡県遠賀郡の芦屋基地、浜松基地、入間基地に配備されていて、毎年11月3日に入間基地で催される航空ショーでは展示されることもある。

T-4ブルーが日本各地で繰り広げる大空のパフォーマンスには、何万人もの観客が会場に詰めかける。そして空飛ぶイルカの華麗な曲技が、見上げるファンたちの夢とロマンを掻き立てる。

T-4ブルーインパルスの本拠地は宮城県の松島基地だが、地元では矢本（やもと）飛行場と呼ばれている。

次世代の航空自衛隊機として、ステルス性と超音速巡回能力、そして際立つ運動性が求められた。アメリカから F-22 を購入するという案もあったようだが、結局、流れてしまった。そこで日本を代表する航空機産業の技術と設計力を結集し、日本オリジナルのステルス開発に取り掛かることになった。つまり、X-2 は日本人の腕が試される実験機となり、大きな可能性と夢が託された未来機となった。

ステルス性能のほかにも、目を引く特徴がエンジン・ノズルの周りに見られる。そのノズルにかぶさるような装置が「推力偏向パドル」と呼ばれるものだ。このパドルを操作することで、噴射方向をコントロールして、驚くほど機敏な運動能力を発揮できるのだ。

ジェット噴射の制御機能は新しいものではないけれど、この推力偏向パドルはコンパクトで軽く、シンプル構造でより大きな効力を発する。日本製ならではの創意と工夫が、制御装置のレベルを一気に引き上げたといえよう。

X-2 が飛ぶ姿は軽やかな蝶のように見える

ゼロ戦は世界で認められた初の日本機といえよう

今から 80 年前、三菱重工業で開発された「零式艦上戦闘機」は、昭和 14 年に初飛行した。第二次世界大戦で華々しい活躍をして、"ゼロ" と呼ばれて海外で注目された日本海軍の艦上戦闘機だ。当初は最先端の航空技術で生産され、設計主任・堀越二郎とともに今に語り継がれる伝説の名機である。徹底した軽量化により最大速度 533km/h、俊敏な上昇力、航続距離 2,530km など秀でた性能を誇り、中島飛行機でもライセンス生産され、日本の戦闘機では最多の 1 万機以上も生産された。

戦後、マッカーサー将軍の航空禁止令で日本軍機はすべて破壊されたので、博物館以外でゼロ戦を目にすることはできなかった。しかし近年、アメリカと日本で修復機や復元機が空を舞うようになり、日本の空にも勇姿を見せている。

紙ヒコーキを撮ろう！

自分で飛ばした紙ヒコーキを撮影するのは意外に簡単。スマホのカメラで本物みたいにうまく撮れます。まず、スマホを片手で構えて、背景のシーンを決める。そしてヒコーキを持つ手をいっぱいに伸ばし、シャッターを長押しで連射しながら、紙ヒコーキをカメラの前 1m 位を横切らせて飛ばすと、こんなシーンが撮れます。

撮影：アンドリュー・デュアー

T-4

T-2

X-2

ゼロ戦

F-86F

F-86F セイバー

ノースアメリカン F-86F（1947-1967）はアメリカ空軍の傑作機として約 1 万機も生産された。日本の航空自衛隊も「ブルーインパルス」の初代機として採用し、ハチロクの愛称で呼ばれたが、当初は「旭光（きょっこう）」と名付けられた。

【開発の経緯】

第 2 次世界大戦の最高レシプロエンジン（プロペラ機）である P-51 マスタングを開発したアメリカのノースアメリカン社は、大戦の行方がほぼ定まった 1944 年後半、ジェット戦闘機の開発に取り掛かった。当時、戦闘機の最大生産国だったアメリカだが、ジェット戦闘機の開発においてはドイツに先行されていた。しかし、1945 年 5 月にドイツが敗れたのを機に、連合軍にはそのジェット機開発の技術と膨大な資料がアメリカにもたらされた。

ノースアメリカン社は、まず主翼に角度をつけた「後退翼」に関する研究データを F-86 の開発に取り入れた。この後退翼により F-86 の高速性能は画期的に向上する。F-86 の試作機 XP-86 の 1 号機は 1947 年 10 月に初飛行した。後退翼を搭載した初めてのジェット戦闘機としては、朝鮮戦争でアメリカを恐怖させたソ連（旧ロシア）の MiG-15 が有名だが、初飛行は F-86 の方が 3 か月ほど早かった。

XP-86 は改良を重ねるうちに高性能ぶりを発揮し、時速 1,079.49km という世界記録を打ち立てた。そして 1949 年に実戦部隊へ配備されたとき「セイバー」という愛称が付けられた。　翌 1950 年に朝鮮戦争が勃発、初めはアメリカ空軍が優勢だったが、中国が参戦してソ連の MiG-15 が出現すると一挙に劣勢となった。あわてたアメリカ軍は新鋭機 F-86 セイバーを極東に投入、ここに史上初の後退翼ジェット戦闘機による空中戦が展開された。性能的には MiG-15 の方が優れていたものの、パイロットの技量とレーダー性能に勝るアメリカ空軍により、F-86 の損失 78 機に対してソ連軍の MiG-15 は 800 機も撃墜された。

航空自衛隊は F-86F を「旭光」と名付けて 435 機配備したが、やがて曲技飛行隊「ブルーインパルス」の初代機となる。そして 1964 年東京オリンピックの開会式では、国立競技場の上空にみごとな五輪の輪を描いて喝采を浴び、栄光のレジェンド機となった。

【設計の特徴】

主翼には低翼配置の 35 度の前縁後退翼が採用され、水平尾翼と垂直尾翼にも同様の後退翼が取り込まれている。また胴体後方の両サイドには横方向に可動するエアー・ブレーキが装備されている。キャノピーの形状は涙滴型であり、座席には射出座席を装備。エンジンの空気吸入法は機首からのノーズ・インテーク方式を採用し、エンジン・ノズルは胴体末端に付けられている。機銃はインテーク周辺に 12.7mmM3 機関銃計 6 門を集中装備している。

● 主要データ
乗員 1 名／全長 11.4m ／全高 4.5m ／全幅 11.3m ／主翼面積 26.7㎡
動力 J47-GE-27 ／最大速度 1,105km/h（M0.90）
航続距離 2,454km ／武装 12.7mm 機関銃 ×6

「浜松広報館」の前には往年の F-86F

犬の鼻面のような愛らしい機首。
先端の黒丸はレーダー・アンテナ

今は見られない色とりどりのカラースモーク（入間基地）

「浜松広報館」に展示の F-86F。優美な機体に触れて操縦席にも乗り込める

T-2

航空自衛隊のＴ－２は国産初の超音速高等練習機である。三菱重工業で製造され、初飛行は 1971 年 7 月。2 代目ブルーインパルスとして 1982 年に曲技飛行に起用され、7 月 25 日に松島基地航空祭で大空の舞を初披露した。

【開発の経緯】

1962 年には超音速戦闘機 F-104J/DJ の配備が始まり、10 年後の 1972 年からは次期戦闘機 F-X（F-4EJ）も登場。いよいよ超音速飛行の練習機が求められ、次期練習機 XT-2 に対して次のような要求が挙げられた。

- ●タンデム複座／●安全性からエンジン双発／●最大速度は M1.6 程度／
- ●良好な加速性能を有すること／●対戦闘機訓練、対地射爆訓練が可能／
- ●固定武装として機関砲（M61）を装備／●火器管制装置を搭載
- ●非常時の補助戦闘機／●F-86 に替わり最少改造で支援戦闘機に再生

量産化による開発費軽減を狙ったその要求案を元に、1967 年 2 月に三菱重工業と富士重工業が計画案を提出。9 月に三菱が主契約企業となり、すぐに 75 名の XT-2 開発設計チーム ASTET（超音速高等練習機設計チーム）を編成。翌 1968 年には基本計画に着手し、エンジンは英仏共同開発のロールス・ロイス／チュルボメカ「アドーア」に決定。翌年には基本設計が終了し、モックアップ審査を経て 1969 年秋から試作 1 号、2 号機の製造に入った。

2 代目ブルーインパルスのデルタ隊形

試作機 XT-2 の 1 号機は 1971 年春に三菱重工小牧南工場でロールアウトして 7 月に初飛行。11 月にマッハ 1.08 を記録し、国産機として初めて音速を突破した。翌月に防衛庁へ納入されて技術研究本部に所属したが、技術試験と実用試験は岐阜基地実験航空隊で行われた。1972 年に試作 2 号機が航空自衛隊に納入され、引き続き 3 号機、4 号機も納入。こうして 1974 年 7 月 29 日、T-2 は部隊使用の承認を受けて配備開始。その結果、従来より 10 か月も教育期間が短縮された。しかし、超音速飛行は実戦部隊で行うもので練習過程には不要というという意見が多く、諸外国でもそれが通説となっていた。そして 2006 年、T-2 は最後の機体が退役し、日本の超音速練習機の歴史は終わった。

【設計の特徴】

主翼の非常に小さい T-2 は、厚みも薄く超音速飛行に適した形状だった。水平尾翼は下方向に 15 度の角度がつく全遊動式で、前縁にはエンジン排気の耐熱のためチタニウム合金を用いている。そして車輪はコストダウンのため、F-104J/DJ と同じものを使用。エンジンは英仏共同開発のロールス・ロイス／チュルボメカ「アドーア」を石川島播磨重工業でライセンス生産した。

「浜松広報館」で T-2 のキャノピーに親子連れ

翼面荷重の高い機体により小回りは利かなかったが、上昇力や加速力は良好で、パイロットの評判はよかった。

2 代目ブルーインパルスでは、加速や上昇力を生かしてダイナミックな演技を披露した反面、小回りが利かないので演技の間隔が長くなり、やや間延びした印象もあった。機体色は一般公募し、女子高生のグループが提案したデザインをベースに、紺地に白と水色のラインを入れたものとなった。

●主要データ

乗員 2 名／全長 17.9 m ／全高 4.39 m ／全幅 7.9 m ／主翼面積：21.2㎡
動力 ロールスロイス TF40-IHI-801A ターボファンエンジン 3,240 kg × 2
最大速度 1,958km/h（M1.6）／航続距離 2,500km ／武装 20mm 機関砲 x1

入間基地の滑走路に展示された 7 機の T-2 ブルーインパルス

 T-4

T-4 は、T-33A 練習機（初飛行 1948 年）の後継機として開発された純国産の練習機で、航空自衛隊の中等練習機として使用されている。開発のコンセプトは多用途に適していること、T-1A/B（運用開始 1960 年）の後継機としても使用できることだった。

【開発の経緯】
　1981 年 4 月に、次期中等練習機計画（MT-X）として国産機の開発が決定され、防衛庁は国内メーカー各社に新型機の提案を募った。設計案を提出したのは三菱、川崎、富士の重工 3 社だったが、同年 9 月に川崎重工のプランが採用され、「ＸＴ-4」と称された。開発は川崎重工が主契約企業となり、三菱重工業、富士重工業が協力して国内の技術者を結集した MTET（中等練習機設計チーム）で行われた。MTET では製造パーツが次のように割り当てられた。
「川崎重工業」…機首、前部胴体、補助翼、昇降舵、最終組み立て、飛行試験
「三菱重工業」…中央胴体、吸気口
「富士重工業」…主翼、後部胴体、垂直安定板、水平尾翼、キャノピー部他
　そして搭載エンジンは石川島播磨重工業（現・IHI）が新開発するターボファンエンジン F3-IHI-30 と決まり、純国産の練習機として開発が行われた。
　1983 年 4 月にモックアップ（実物大模型）が完成、1984 年 4 月から試作 1 号機の組み立てというスピード開発で、1985 年 7 月 29 日には試作 XT-4 の 1 号機が初飛行した。試作機は 4 機が進空し、防衛庁技術研究本部および空自の航空実験団で試験が行われた。
　1988 年 9 月に量産初号機が納入された。以後、15 年にわたり量産体制が敷かれ、2003 年 3 月の最終号機（36-5812）引き渡しまでに、量産機は 208 機、試作 XT-4 の 4 機を含めて計 212 機が生産されている。

【設計の特徴】
　機体は中翼・後退翼を持った複座機。大きな垂直尾翼はスピン訓練を安全に行うためだが、同時に良好な大迎え角特性を持つことになった。
　安全性の観点からエンジン双発、油圧・操縦系も 2 重になっている。垂直尾翼の付け根にはエアブレーキを搭載している。
　また亜音速での飛行特性を重視し、高速訓練ができるように遷音速翼を採用。機体の形状も工夫を凝らし、各部が丸みを持ったスタイルにまとめられている。
　機体重量の 4.5 パーセントは炭素系複合材などの新技術を採用しており、軽量化も図っている。脱出装置は AV-8B ハリアーⅡなどと同じく「キャノピー破砕方式」を採用して、非常時の信頼性も高い。
　曲技飛行チームの機体は白地にブルーラインをあしらって、F-86 時代の塗装のイメージを引き継いでいる。ちなみに、芦屋基地第 13 飛行教育団の機体は、上空での視認性を考慮して白地に赤いラインの塗装で彩られ、「レッドドルフィン」の愛称を持っている。

T-4 の同型練習機とレッド ドルフィン

●主要データ
乗員 2 名／全長 13.0m ／全高 4.6m ／全幅 9.9m ／主翼面積 30.8㎡
動力　HI　F3-IHI-30B ターボファンエンジン 1,670kg × 2
最大速度 1,114km/h（M0.91）／航続距離 1,300km

X-2 先進技術実証機

　X-2 は防衛装備庁が三菱重工業と契約して開発した「実験航空機」である。優れたステルス性能に加え、高い運動機能に必要な技術とノウハウを蓄積することを目的とした次世代機だ。X-2 の名称の前は、「先進技術実証機 (ATD-X)」と呼ばれ、プロジェクト初期には「心神(しんしん)」と称されていた。

【開発の経緯】

　アメリカ、ロシア、中国などの軍事先進国の戦闘機は、ステルス性と高運動機能を備えた〔第 5 世代〕に移行している。そこで日本も国産機開発を視野に入れた研究開発に着手し、飛行テスト実証機を製作することになった。

　X-2 のプロジェクトは一世代前の 1991 年にさかのぼる。当初は搭載エンジンの基礎研究から始められ、1995 年から IHI(石川島播磨) で実証エンジン XF5-1 の研究が始まった。

　エンジン開発にめどがつくと、2000 年から「高運動飛行制御システム」の開発に着手。注目すべきはそのシステムが、ステルス性の開発より優先されたことだ。これには自衛隊ならではの事情があり、先制攻撃ができないため、相手の攻撃を回避してから反撃に移る手順が求められるからだ。ゼロ戦の戦闘性能を彷彿させる飛行制御システムが優先されたことは興味深い。

　2005 年からようやくレーダー反射断面積（RCS）の実物大模型によりステルス性の研究が始められた。翌 2006 年には強化プラスチック製の約 5 分の 1 スケール機による試験飛行が開始された。同年 11 月には 32 分の 1 スケールモデルが展示され愛称「心神」も知られた。注目を浴びたのは 2008 年秋、横浜で開催された「国際航空宇宙展」で実物大模型が展示された時からだろう。

　2011 年から三菱重工で飛行試験機の製造が始められた。実機の製造には三菱重工と IHI のほか、富士重工 (主翼と尾翼) や、ナブテスコ (制御機器)、宇部興産（電波吸収剤）なども参加し、日本の航空産業の総力を結集して取り組んでいる。予算は約 394 億円と制限があるため各部門でコスト低減に努め、たとえば離着陸用の車輪には T-2 練習機の部品を流用し、座席とキャノピーは T-4 練習機のものを流用している。ただし、キャノピーについてはステルス性能を高めるため、電波遮蔽材がコーティングされている。

　試験機は 2016 年 1 月に三菱重工小牧南工場で報道公開され、型式名は「X-2」と命名された。翌月からタキシング（地上走行）を開始、4 月 22 日に県営名古屋空港で初飛行が実施された。その後、防衛装備庁に納入され、2017 年 10 月に通算 32 回目の飛行試験が終了した。

【設計の特徴】

　高い燃焼効率が得られる純国産ハイパワーエンジン──それは防衛省と技術者たちのかねてからの念願であった。手探りでゼロから始めた燃焼システムの開発により、エンジンに取り込んだ酸素を完全燃焼（アフターバーナー）させて、欧米を凌ぐ燃焼効率を達成した。これと噴射方向を変えられる「推力偏向パドル」を連動させることで、蝶のように軽やかに飛ぶ高運動飛行が可能となった。その姿から "平成のゼロ戦" と称され、ステルス機の先駆けとして期待されている。

●主要データ

乗員 1 名／全長 14.2m ／全高 4.5m ／全幅 9.1m
動力 IHI XF5-1（アフターバーナー推力約 5t）×2
最大速度 1,224km/h 以上（M1.0 以上）

静岡県・御前崎の上空を駿河湾の
方へ向かう X-2。北東には富士山

零式艦上戦闘機 21 型

　零式艦上戦闘機は旧日本海軍の戦闘機。太平洋戦争初期に世界最高水準の性能をもつ戦闘機として連合国空軍と幾度となく交戦し、米軍パイロットたちを畏怖（いふ）させた。

　設計は堀越二郎を主任とする三菱重工業。21 型はその初期型で、小説『永遠の 0』や堀越二郎をモデルにしたアニメ映画『風立ちぬ』で知られるようになった。本書に収録したクラフト機は、真珠湾攻撃（1941 年）で艦隊の上空直衛任務についたゼロ戦だ。第一航空艦隊の航空母艦「瑞鶴（ずいかく）」の艦載機で、零戦の撃墜王として知られた岩本徹三の搭乗機である。

【開発の経緯】

　昭和 13 年 1 月、ゼロ戦は三菱重工業で設計に取り掛かった。設計主任の堀越二郎は、海軍から受けた特命「運動性能、スピード、航続距離で世界水準を超えよ！」をクリアすべく日夜、知恵を絞った。

　当時の日本のエンジンは世界トップクラスの戦闘機に比べ 8 割程度の馬力しかなかった。非力なエンジンで海軍の厳しい要求を満たすため、徹底して機体の軽量化が図られた。機体の随所に穴が空けられ、翼や胴体を覆うアルミ合金は厚さ 1 ミリ以下にまで削られた。

　そんな減量設計に挑戦することで、強力な 20 ミリ機関砲も搭載可能となった。こうして昭和 14 年 3 月、試作 1 号機が完成。㊙試作機はすぐさま分解されて 2 台の牛車に積み込まれ、日が暮れると密かに名古屋の工場から運び出された。そして夜を徹して牛に牽かれ、50km も離れた岐阜の各務原（かかみがはら）飛行場にある三菱の格納庫へと搬送された。

　初飛行はわずか一週間後の 4 月 1 日だった。さらに改良が加えられ中国の戦線でデビュー、昭和 16 年 12 月、真珠湾攻撃に出撃。以後、海軍機動部隊の要となり、三菱重工で 740 機、中島飛行機で 2,821 機が生産された。20 ミリ機関砲と 7.7 ミリ機銃を各 2 門装備し、長い航続距離を誇ったゼロ戦、その名「零式」は、正式採用された 1940 年（昭和 15 年）が皇紀 2600 年にあたり、下 2 桁の「00」に由来している。

【設計の特徴】

「ゼロ・ファイター」として世界に名を馳せた名機だったが、あまりに軽量化を図ったため防弾設備がとことん省かれていた。そのため敵の機銃弾が主翼をかすっただけで火だるまとなり、しかもパイロットの座席背後に防弾板がないため、背後に回り込んだ敵機から攻撃されると、みじめに撃墜されるという弱点も持っていた。

　さらにグラム単位の軽量化で垂直方向（上昇・降下）の荷重に耐えられず、急降下による攻撃・離脱ができなかった。連合国軍パイロットたちはその弱点をついて襲いかかり、大戦末期には性能的にもアメリカ軍機に追い越され、時代遅れの戦闘機となって栄光の座を失った。

　しかし、初期設計で堀越たち技術者が心血を注いで誕生させたこの 21 型には、日本人の「ものづくり」の技と魂がこめられていた。

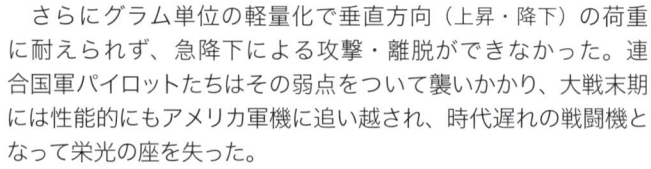

●主要データ

乗員 1 名／全長 9.1m ／全高 3.5m ／全幅 12.0m ／主翼面積 22.4㎡
動力「栄一二型」／最大速度 533km/h ／航続距離 2,530km
武装 機首 7.7mm 機銃 ×2、翼内 20mm 機関砲 ×2

作り方の心得

　工作に必要な道具をそろえ、【作り方の基本】をよく読んでから作業に取り掛かろう。どの機種も番号の若いパーツ（部品）から切り抜き、機首から胴体後方へと機体をつないでいく。「工作の手順」を頭に入れてから、ゆっくりと丁寧に作っていこう。焦って作って墜落しないように！

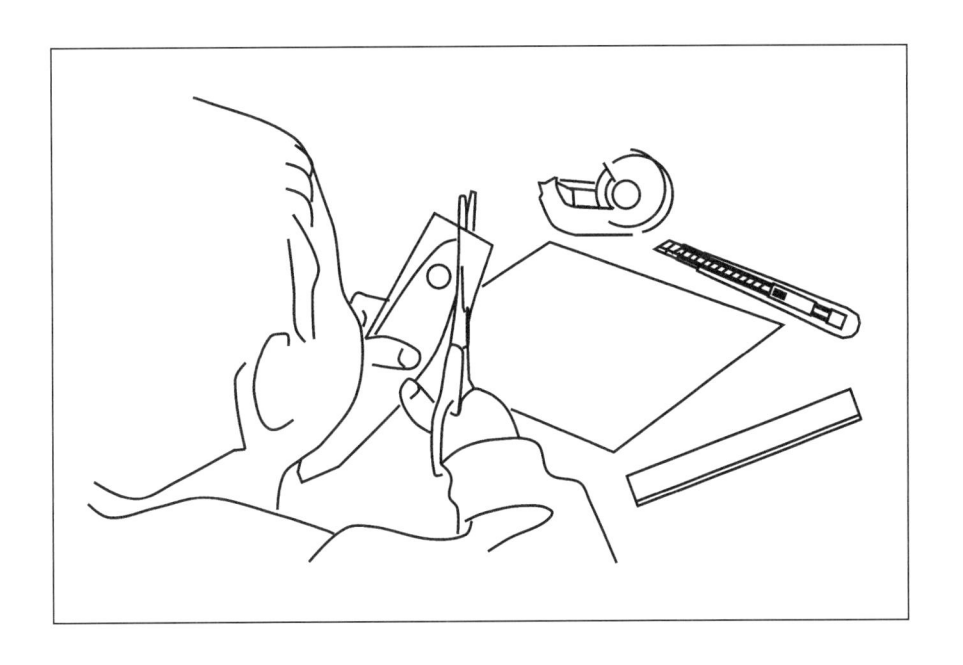

【準備する道具】 ～紙ヒコーキ作りに必要な用具～

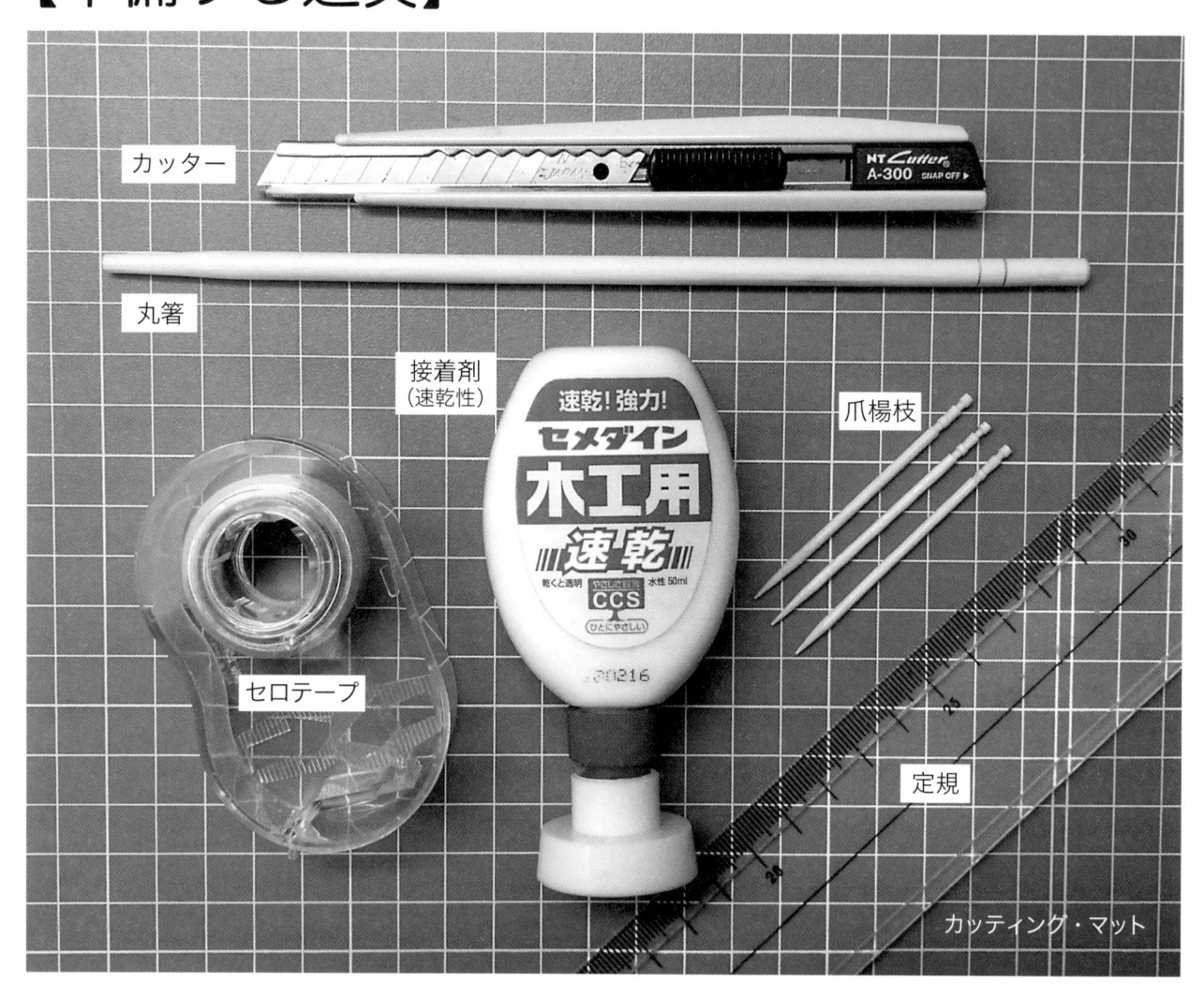

カッター
丸箸
接着剤
（速乾性）
セロテープ
爪楊枝
定規
カッティング・マット

道具はカッター、定規、接着剤（ボンドなど）、セロテープ。
工具は爪楊枝と丸箸。さあ、プラモデルに引けを取らない
"空飛ぶペーパーモデル"に挑戦しよう。

●カッター……パーツ（部品）を切り出すカッターはいろんな種類がある。写真のようなカッターなら、刃を収めた先端でパーツに記された谷折り線や山折りの線をなぞって折り目をつけることができる。曲線部はハサミを使用してもいい。

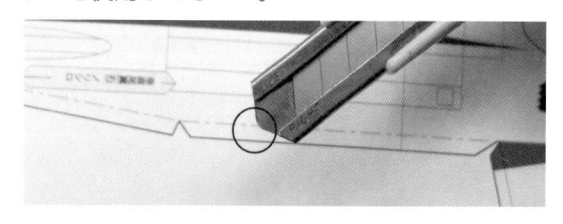

●定規……パーツを切り取る線に当てがい、カッターを沿わせて切る。折り線を折るときにも欠かせない道具。また主翼に「上反角」をつけるときにも便利。

●速乾・接着剤……乾きの早い接着剤（木工用セメダインやボンド）は、少しずつ小皿に出し、爪楊枝の先につけながら使用する。白い液は乾くと透明になる。（100円ショップでも入手できる）。

●爪楊枝……ノリシロを接着するときに、接着剤を先端につけながら工作する。ノリが固まって先が太くなったら交換しよう。完成した紙ヒコーキを飛ばす際に、ゴム・カタパルトの軸にも使用。

●丸箸……コンビニの弁当に付いている丸い箸は、工作中に役立つ道具になる。機体の丸い曲面（胴体やおもり、キャノピー）を丸めたり、小さなノリシロを貼る際に裏から支えることができる。

●セロテープ……キャノピーを作るときに使用。風防の切り込み部をぴったり合わせてテープで貼る。切り込みの長さに合わせてカットして使用。あらかじめテープをカッティング・マットなどに貼りつけ、カッターで切りながら作業する。

●カッティング・マット……ゴム製の工作用マットの上で作業するのがベスト。パーツ（部品）を切り抜いたり、セロテープを切る際に便利。「下敷き」やコーティングされた厚紙、アクリル板の上でも作業可。

【作り方の基本】 ～機体を曲げず、きれいな仕上がりを～

収録した紙ヒコーキの作り方をよく理解して、作業に取り掛かりりろう。まずクラフト・シートを「キリトリ線」で切り離す。すぐにパーツ（部品）を切らないで、シートの余白でカットの練習をしてから本番の作業を始めよう。

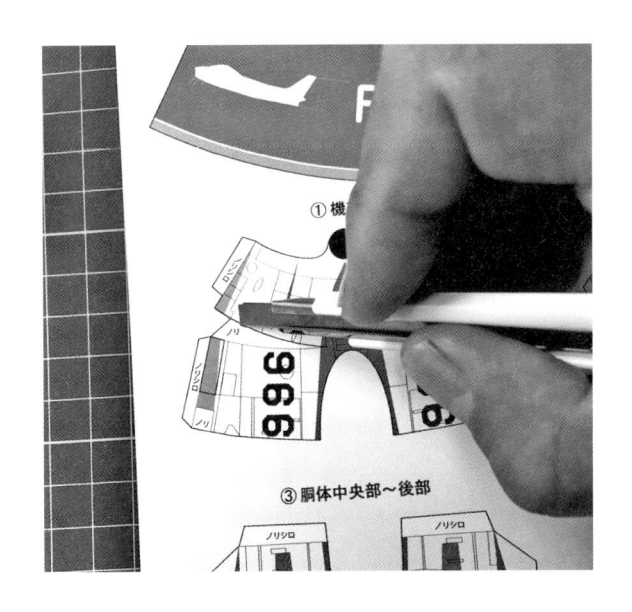

● パーツの カット

各パーツに付けられた番号順に「①機首・胴体前部」の方からカッターで切り抜いていく。輪郭のカットラインはなるべく線の中央を切るようにする。直線は定規を当ててまっすぐ切り、曲線部はシートを回しながら作業をすると切りやすい。（ハサミを用いてもいい）。

●「折り目」と胴体の丸み

カットしたパーツは、あらかじめ折り線をなぞって「折り目」をつけておく。折り線は、山折り線（ーーー）と谷折り線（・ー・ー・）で示してある。折り目は作業に入る前につけておこう（ノリシロを貼りだすとつけられない）。

折り目も定規を当ててつける。ヘラなどを用いるが、カッターの刃を収めた先端部で折り線を軽くなぞるのもいい。（強くなぞると紙が切れるので要注意！）。

山折り線は、胴体やエンジン部に丸みをもたせるために軽く折るケースもある。

丸い胴体やキャノピーは、あらかじめ指で丸みをつけておこう。仕上がりの形状に近づけておくと貼りやすくなる。

以上の作業を、ノリシロを貼る前の「儀式」としてやっておこう。

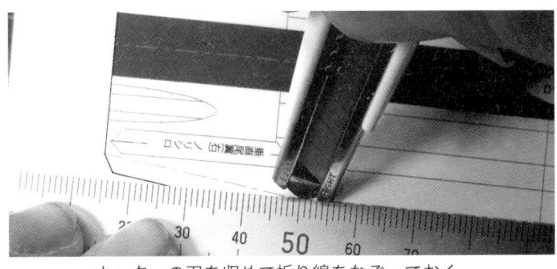

カッターの刃を収めて折り線をなぞっておく

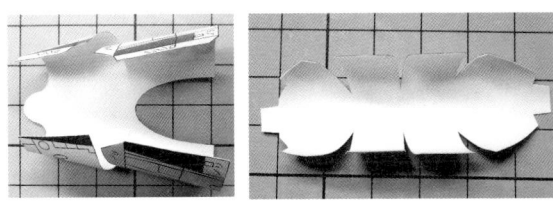

胴体とキャノピーを切ったら丸めておく

● 接着剤の使い方

使うたびに少量だけ小皿に出し、爪楊枝の先につけてノリシロにつける。少しずつのばして塗るのがコツ。たっぷりつけると、手についたりノリシロからはみ出して機体が汚れてしまう。

乾きの早い速乾性は手際よく接着しよう。面積の広い「主翼」を作るときは全面には塗らず、翼の縁（ふち）3～4ミリに塗って薄くのばし、乾く前に貼り合わせる。（注意！「主翼」の全面にべったり接着剤を塗らないこと。水分が多いので、乾くと翼が波打つこともある）。

接着剤用の小皿を用意して、爪楊枝で接着

★仕上げは油性の透明ラッカー・スプレーで

完成した紙ヒコーキに吹き付けておけば、雨や朝露の対策になる。透明ラッカーでコーティングした機体は、紙とは思えない光沢をもち、弾力のあるプラモデルのようになる。

ラッカー・スプレーはクリア（透明）を使用。
ホームセンターで200円程度で入手できる（100円ショップでも入手可能）。火気厳禁！

【各パーツの作り方】 ～各機に共通する工作の手順～

● 機首・胴体前部

どの紙ヒコーキも機首から作り始めるが、細かい作業なので丁寧に作ろう。とくに胴体先端の「機首」は、パーツを丸めて小さなノリシロで接着するので、手順をよく読んで作業にかかろう。機首の「切り込み」はノリシロが2パターンあるが、

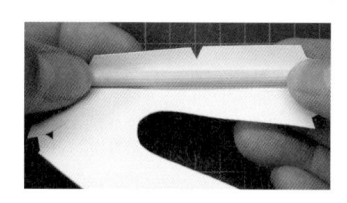

ノリシロが1つの機種は短い方のラインを切ること。
胴体部は、丸箸などで丸めておくと貼りやすい。輪ゴムを軽く巻いておくのもいい。

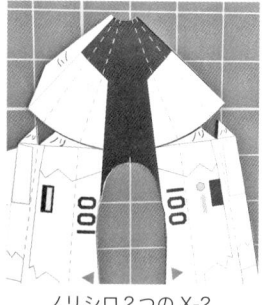
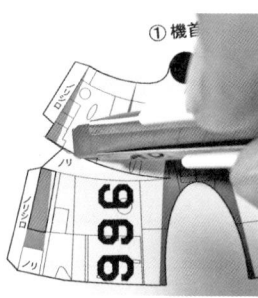

ノリシロ2つのX-2　　　　ノリシロ1つのF-86

● おもり

紙ヒコーキを飛ばすために「おもり」を機首の中に詰める。機種によって形状も作り方も異なるが、すべて機首の先端に入れて、胴体の下にボンドで固定する。

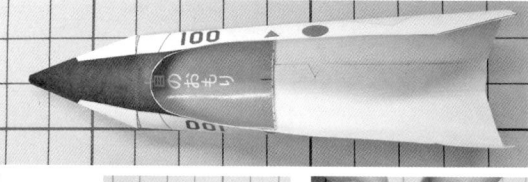

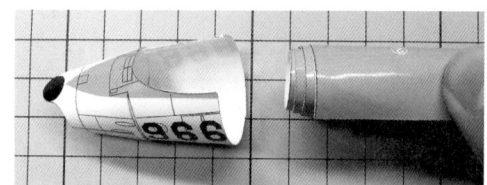
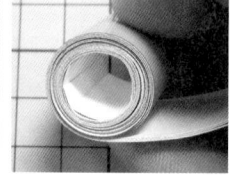

● キャノピー (操縦席)

セロテープで切り込みを貼り合わせる前に、キャノピーの形を作ってみる。切り込みの長さに合わせてセロテープを切っておく。まず切り込みの片側にテープを半分貼り、隙間なくぴったり合わせて残り半分を貼る。そうして1つずつ丁寧に貼っていく。
完成したら、胴体のなかに収めて、先端のノリシロから接着する。乾いたら後方のノリシロを胴体の内側に貼るが、機種により前から順に貼ったり、後部を決めて前のノリシロを貼ることもある。
中間のノリシロは、爪楊枝を用いて胴体の隙間にボンドをつける。

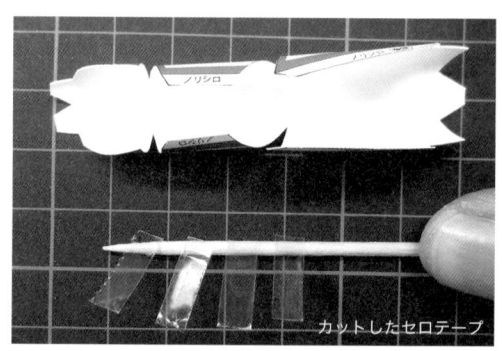

カットしたセロテープ

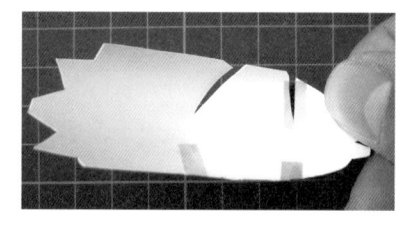

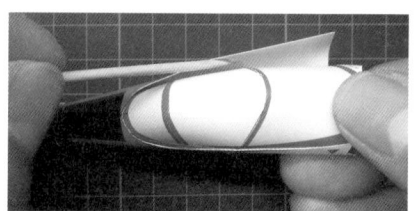

爪楊枝で隙間にボンドをつける

● 機体の接続

胴体をつないだり、主翼や尾翼を取り付けるときは、機体に描かれたデザインやパネルライン (機体に入っている細いパネル線) を合わせながら接着する。これが曲がらない機体を作るコツだ。パネルラインをずらして貼っていると、機体が歪んで次のノリシロが貼れなくなる。そして機体は曲がり、飛んでくれない。

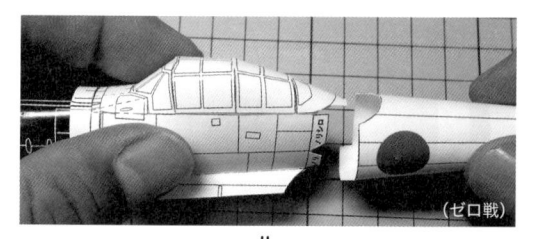

(ゼロ戦)

⇓

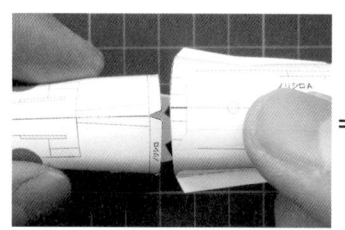 ⇒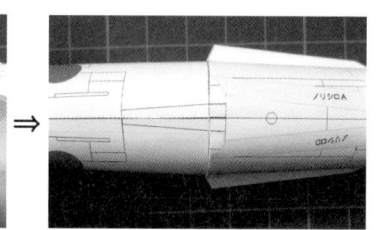

胴体の接続は下部のパネルラインも合わす

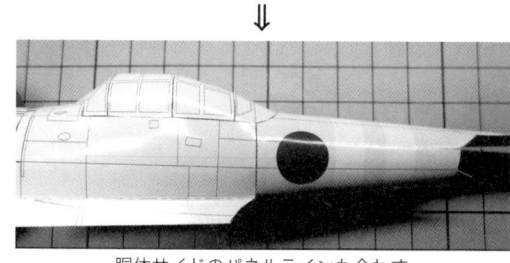

胴体サイドのパネルラインも合わす

● 主翼の貼り方

T-2 と X-2 以外は主翼の上面と下面の間に「主翼補強材」を挟んで貼り合わせる。「主翼補強材」も「主翼」も縁に接着剤を3ミリ幅でつける。F-86F やゼロ戦のように上面にボンドをつけて片側ずつ下面に貼る機種もあれば、T-2 や T-4、X-2 のように一気に両面を貼り合わせる機種もある。いずれにせよ、面積の広い主翼は縁にだけ接着剤をつけ、上面と下面をぴったり重ねて接着する。そして本などの重しをのせて、美しい翼に仕上げよう。

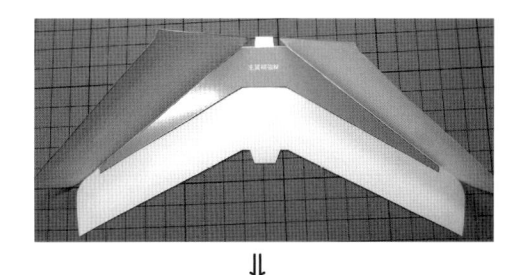
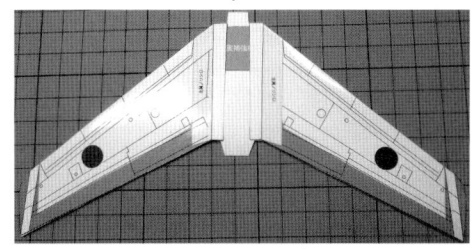

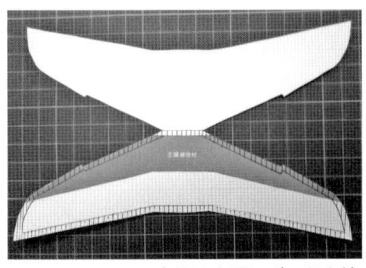
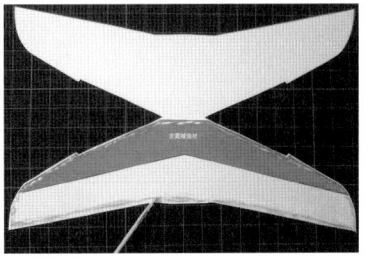

主翼は全面にボンドを塗らず、縁にだけつける（T-4）

F-86F の主翼上面は片側ずつ接着する

● 尾翼

「水平尾翼」はセンターで山折りして、片翼ずつ貼り合わせる。主翼と同じくボンドは縁と折り返し部だけにつける。

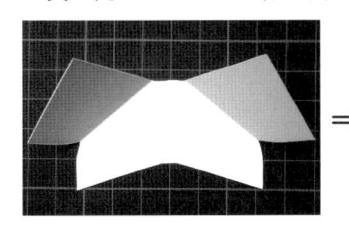
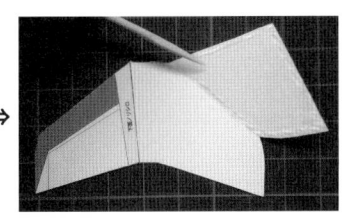

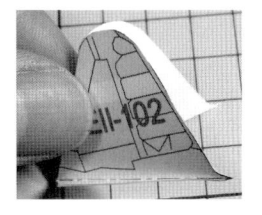
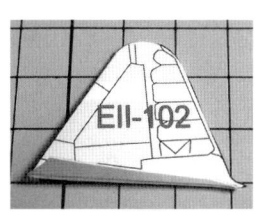

「垂直尾翼」は中央で山折りして、貼り合わす前に下辺のノリシロ部を谷折りしておく。ボンドは片方の縁と折り返し部につけて接着する。

● フック & 持ち手 (飛ばすためのパーツ)

「フック」は屋外で飛ばす際に「ゴム・カタパルト」を引っかける部品。センターで山折りして貼り合わせ、左右の谷折り線を折って機首下のフックラインに接着する。

「持ち手」は飛ばすときに利き手で機体を持つところ。フック同様、センターで山折りして貼り合わせ、左右の谷折り線を折って胴体中央下の持ち手ラインに接着する (T-2 は不要)。

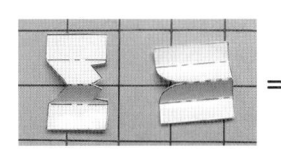
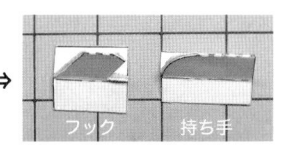
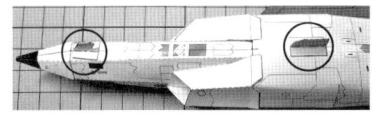

● 飾り台

クラフト・シートの上に入っているラベルで、完成したペーパーモデルを飾る台を作ってみよう。機種によってデザインは違うが、すべて同型。くるくると丸めてノリシロで貼り合わせれば簡単に出来上がり。

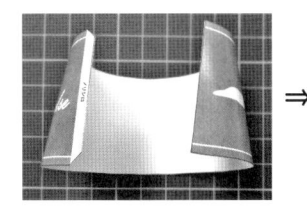

もし失敗したら？

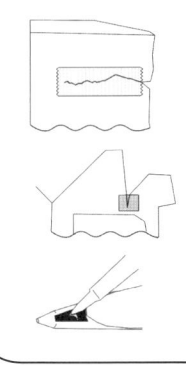

慣れない紙ヒコーキの工作では失敗することもある。
切り間違いや貼り間違いは、あわてずに対処しよう。

1 誤ってパーツ (部品) を切り離したり、切りすぎたり、破れたときは裏面から処理をする。切り込みやラインなどを切り損じたら、裏からセロテープを貼って修復しよう。パーツがちぎれたり切断したときは、シートの切れ端を裏から貼って修復する。

2 ノリシロの貼りまちがいは、なるべく速やかにはがす。接着剤が乾くと修復は難しいので、貼り位置をよく確かめて組み立てよう。

3 機体の色がはげたときは、色鉛筆やマジックペンなどで修整しよう。

F-86F 初代ブルーインパルス 〜〜〜〜〜〜〜

美しいボディラインをもつジェット機だから、胴体の丸みをきれいに仕上げよう。機首〜胴体中央部〜後部とブルーラインを真っ直ぐにつないでいく。キャノピーは切り込みとノリシロが多いが、セロテープとボンドで丁寧に組み立てよう。胴体は後方に向かうにつれ細い楕円形になるが、下面の赤いラインはぴったりと貼り合わせる。水平尾翼と胴体尾部もノリシロとラインをぴったり合わせて接着しよう。

※屋外飛行には燃料タンクを付けない方が適している。

① 機首

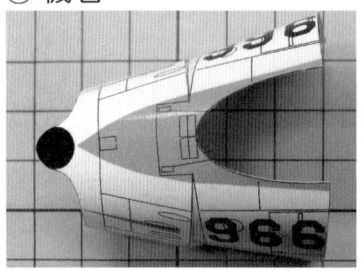

1 胴体を丸めて形を整える。

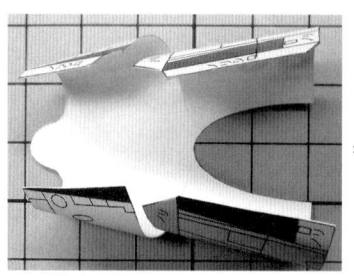

2 後方の細長いノリシロで、赤いラインを合わせて胴体を接着する。

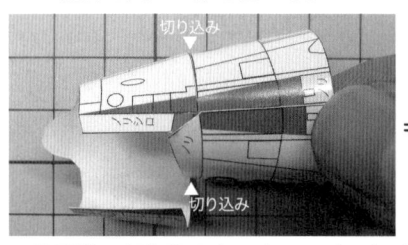 ⇒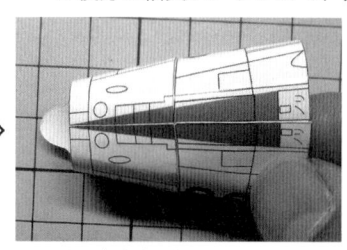

3 両脇の切り込みを、赤いラインとパネルラインを合わせてノリシロで貼り合わせる（サイドに細長いノリシロがある方から接着する）。

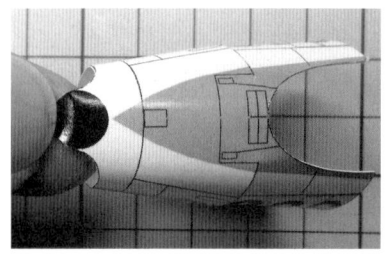  

4 機首先端の黒い丸（レーダー・アンテナ）をゆるやかに下に曲げる。

正面から見た機首

② 機首のおもり

 ⇒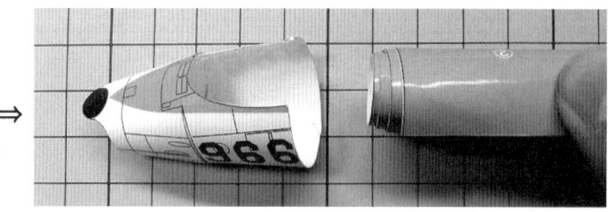

おもりの先が機首から
飛び出さないように

1 おもりをクルクルと丸めてから、機首の先に差し込んでみる。

2 おもりを両手の指で機首の口径に合わせ、取り出してセロテープでとめる。キャノピーを取り付けたあとで機首の下に接着する。

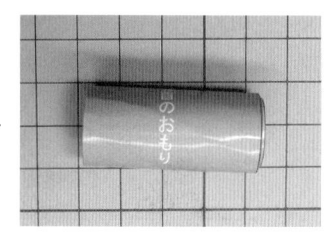

③ 胴体中央部〜後部

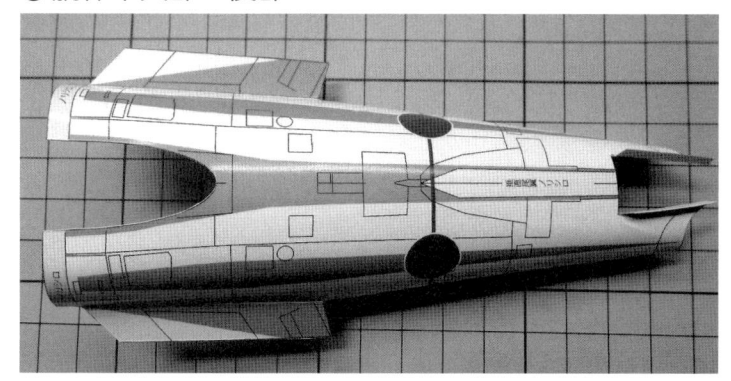

1 前方両サイドの主翼を接着する谷折り線と、後方の水平尾翼を貼る谷折り線を折る。さらに左サイドの長い2つのノリシロを山折り線で軽く折る。

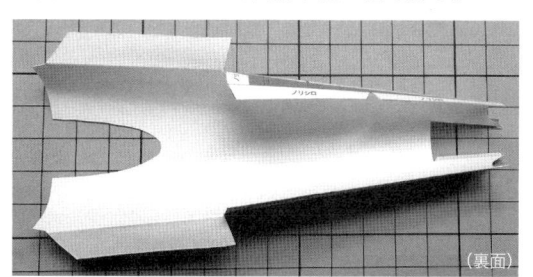

（裏面）

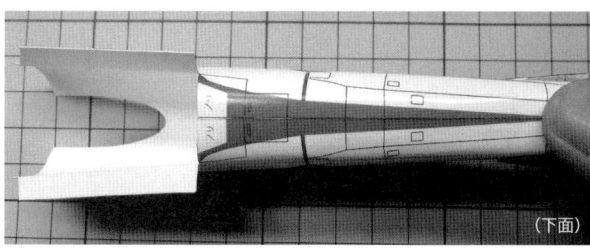

（下面）

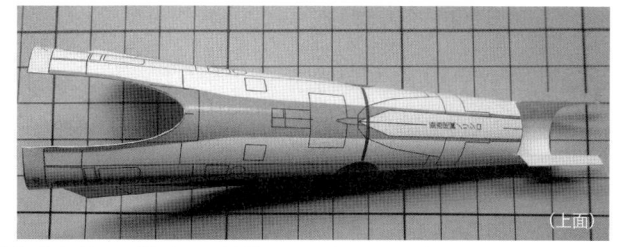

（上面）

2 下面の赤いラインを2つのノリシロで貼り合わせる（後方から接着すると貼りやすい）。

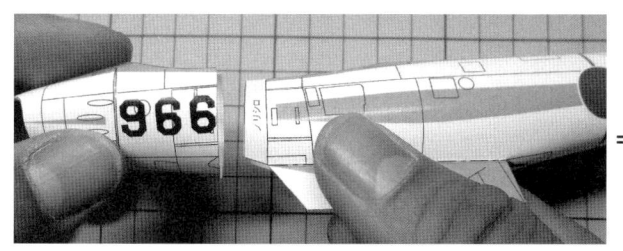 ⇒

3 前方の両サイドのノリシロで機首に接続する（ブルーラインとパネルラインを合わせて）。

④ キャノピー

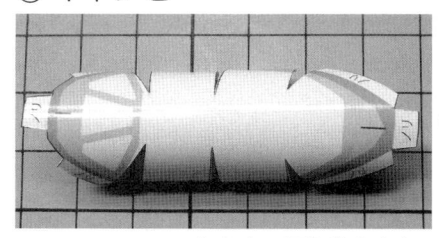 ⇒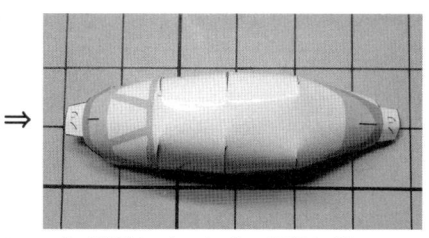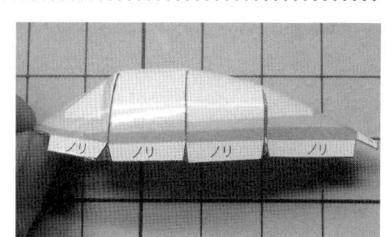

1 左右の切り込みをセロテープで隙間なくつなぐ。胴体に貼るノリシロを一直線に。

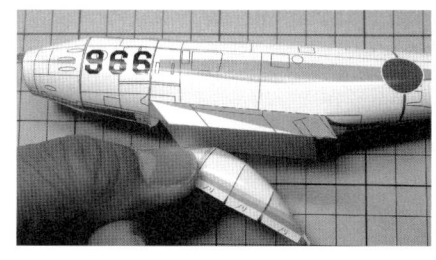

2 胴体の下からキャノピーを入れ、先端のノリシロを機首の中心線に合わせ、内側から指で支えて接着する。後端のノリシロも同様に貼りつけ、中央のノリシロは爪楊枝で隙間にボンドをつけながら接着する。

 ⇒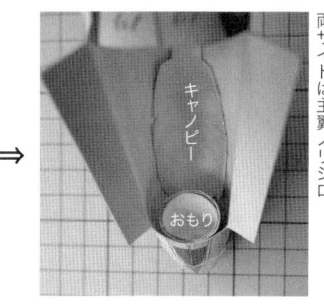

胴体下から見たキャノピーとおもり。両サイドは主翼ノリシロ

前方から見た機首のおもり

3 おもりを胴体の下から機首の先に詰め込み、下部に接着する。

⑤ 主翼

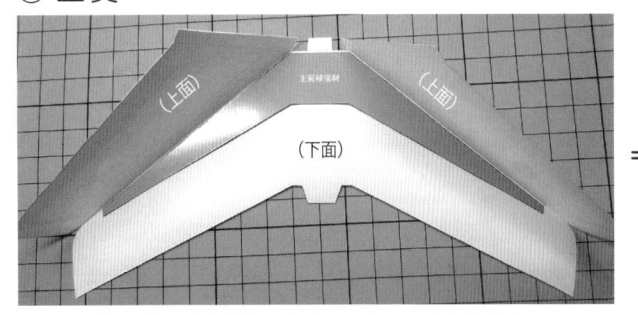

1 上面と下面をセンターラインで折り返し、間に「主翼補強材」を挟み、機首側の縁に3ミリ幅でボンドをつけて接着する。

⇒

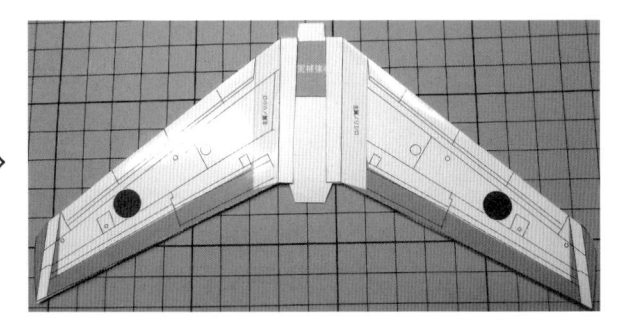

2 上面の縁（3ミリ幅）と折り返し部にボンドをつけ、片翼ずつ接着する。重しをのせてきれいに仕上げる。

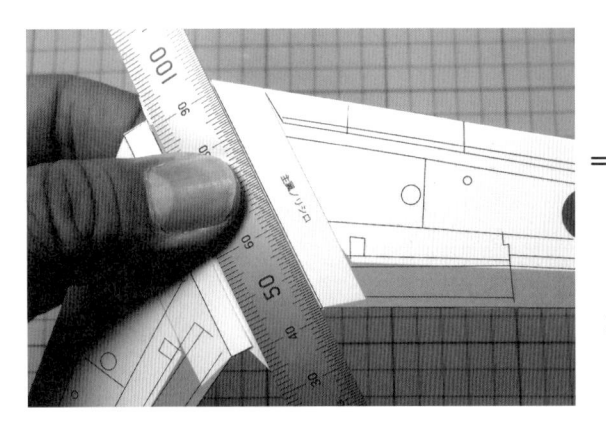

⇒

3 乾いたら、翼の付け根（主翼ノリシロの内側）に定規を当て、10度～15度くらいの上反角（水平からの角度）をつける。

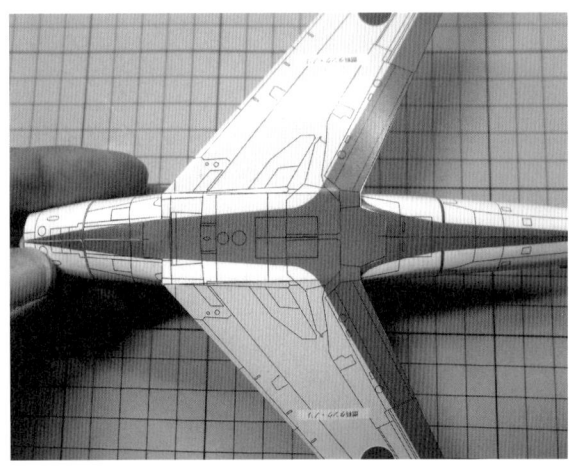

4 主翼を胴体下面の前後のノリシロに重ね、中心線と赤いラインを合わせて接着する。

5 乾いたら、胴体両サイドの谷折り部を「主翼ノリシロ」に片翼ずつ貼りつける。

⑥ 水平尾翼

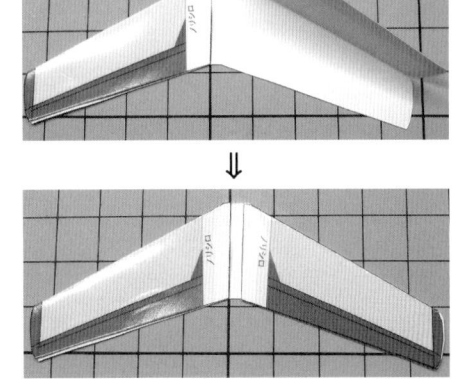

⇓

1 下面の縁と折り返しにボンドをつけて接着。

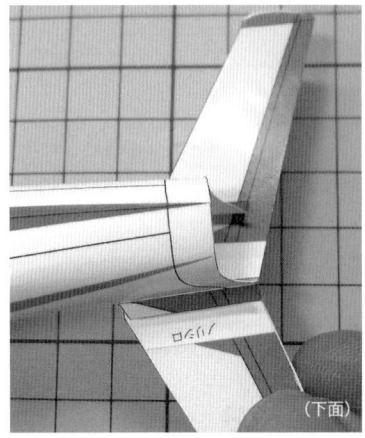

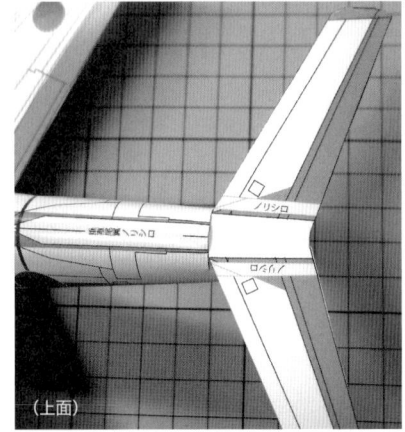

2 胴体後端の谷折り部に赤いラインを合わせ、片翼ずつノリシロで接着。

⑦ 胴体尾部

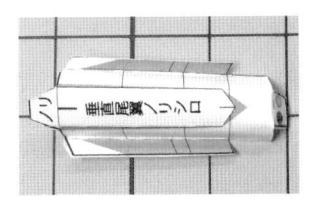

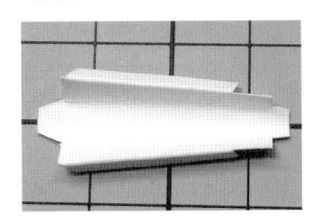

1 両サイドを谷折りして、胴体を丸めておく。

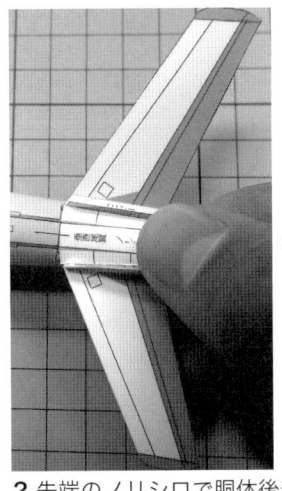

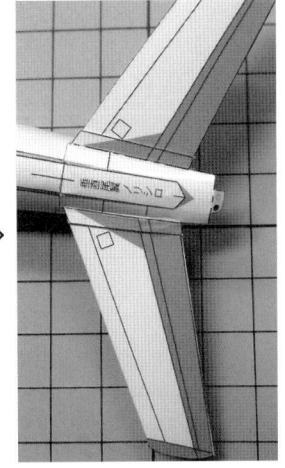

2 先端のノリシロで胴体後部（内側）に接着。

3 水平尾翼に片側ずつ接着し、後端とテールライトを下へ折る。

⑧ 垂直尾翼

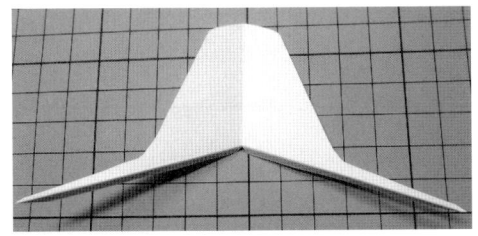

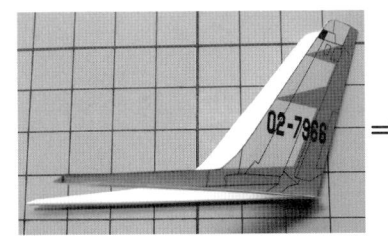

1 下部の谷折り線を折ってから、センターで山折りする。

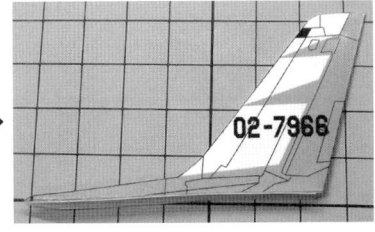

2 縁にボンドをつけて貼り合わせる。

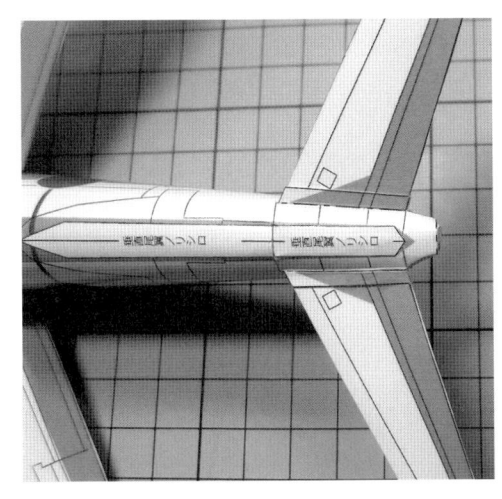

3 垂直尾翼を胴体後部の「垂直尾翼ノリシロ」に接着する。

⇒

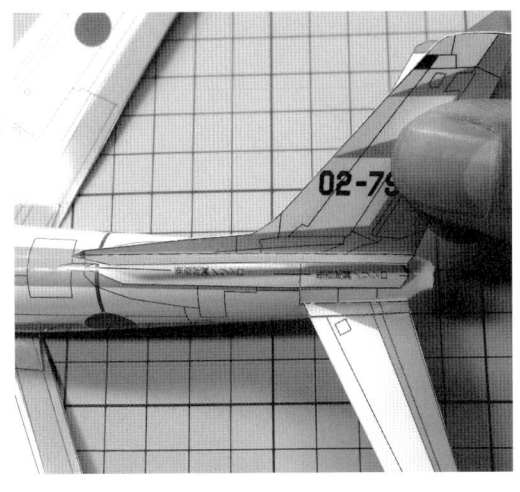

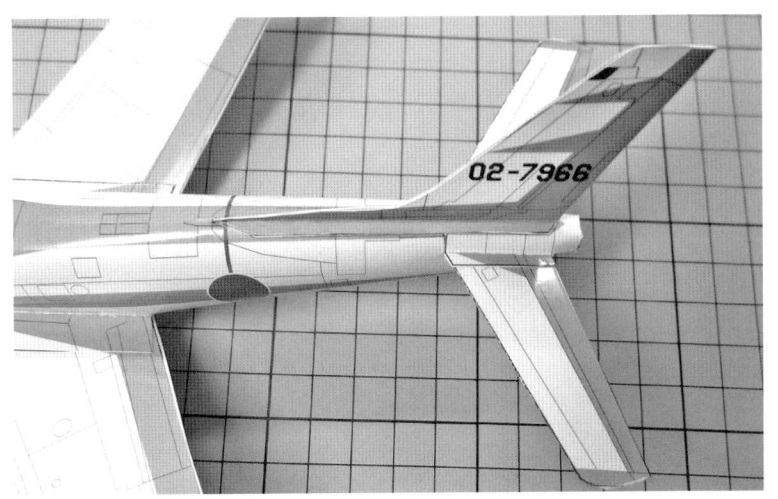

飛ばすなら、「燃料タンク」を付けずに、「フック」と「持ち手」を付ける

⑨ フック & ⑩ 持ち手

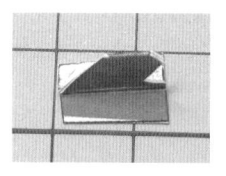 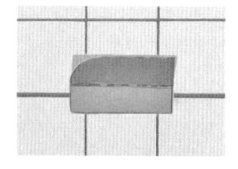

1 どちらもセンターで山折りし、両サイドを谷折りして、中央部を貼り合わせる。

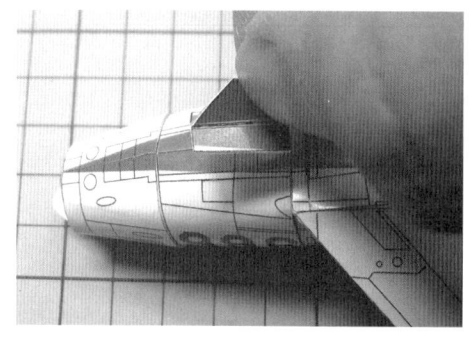

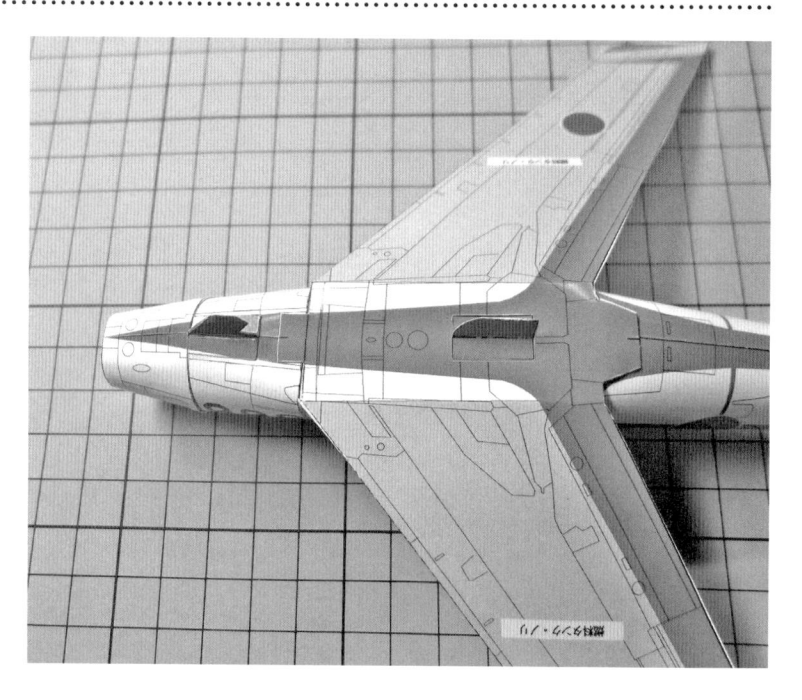

2 フックは機首下のフックラインに、持ち手は胴体下面の持ち手ラインに接着する。

⑪ 燃料タンク（オプション）

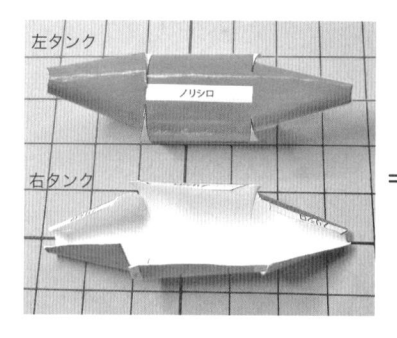 ⇒ 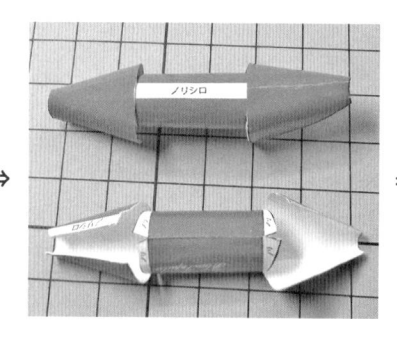 ⇒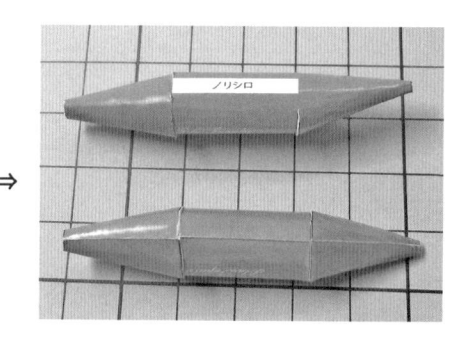

左タンク / 右タンク / ノリシロ

1 小さいパーツだから前部〜中央部〜後部を丸めて仕上がりの形を作っておこう。前後を確認し、タンクに記された「Blue Impulse」の文字を外側に向けてセットする。

2 最初にタンク中央部のノリシロを貼って円柱を作る。次に２つの切り込みを貼り合わせ、前後のノリシロを接着する。

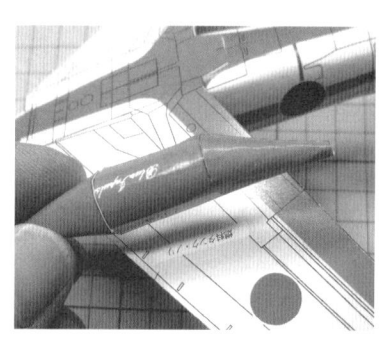

3 ノリが乾いたら、主翼下面の「燃料ノリシロ」に接着する（左右を間違えないように）。

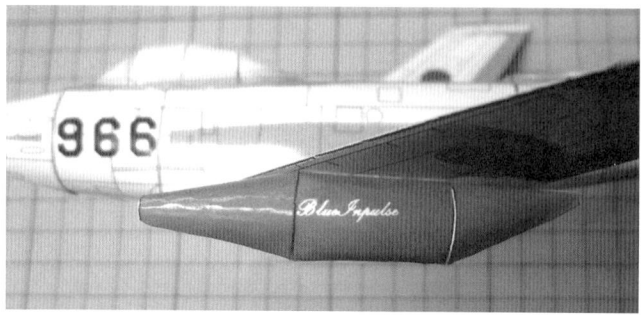

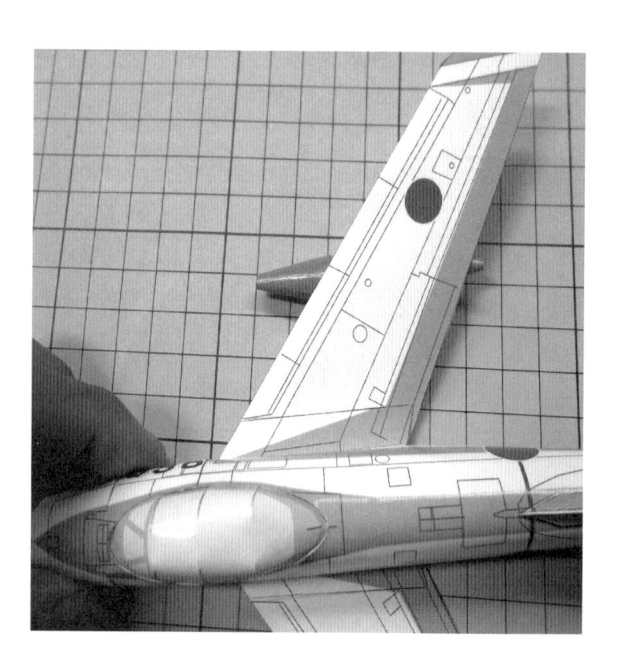

タンクの後端はヒップアップしている

完成機

上面

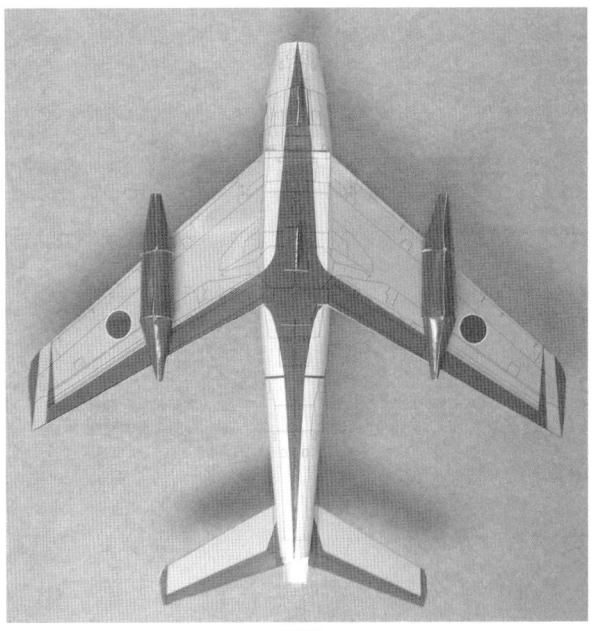

下面

T-2 2代目ブルーインパルス ・・・・・・・・・・・・・・・・・・・・・・・・・・

2代目ブルーインパルスは、矢のように細い機体だから、センターラインを真っ直ぐに接続しないと胴体が曲がってしまう。胴体前部→キャノピー→胴体中央部→主翼→胴体後部とつなぎ、機体のデザインとパネルラインを合わせながら作っていく。
「胴体後部」の形状がちょっと難しいが、エンジンを覆うボディラインを山折り線・谷折り線で折りぐせをつけ、水平尾翼とエンジン・ノズルをきちんと接着しよう。機体を彩る「紺・ブルー・白」のラインを、絵合わせのようにつないで作る楽しみもある。

① 機首・胴体前部 ・・・

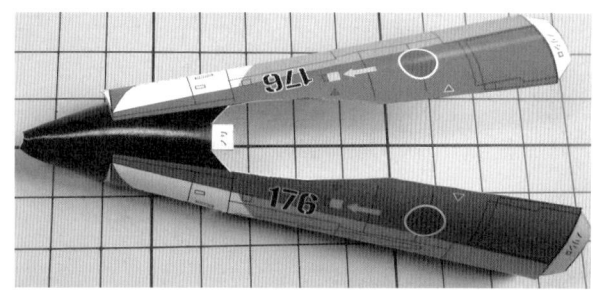

1 接着する前に、胴体の左右に伸びる2本の長い山折り線を軽く折ってから、胴体を丸めておく。

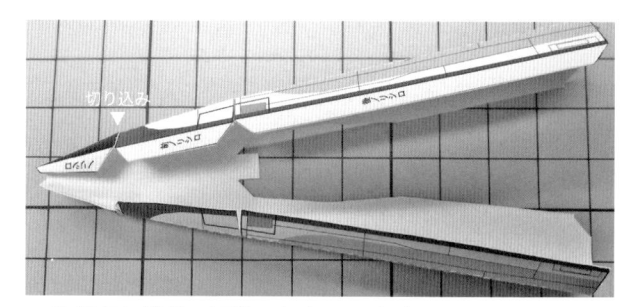

2 最初に機首の両脇の切り込みを貼る（片方ずつ乾くまで指で押さえておく）。

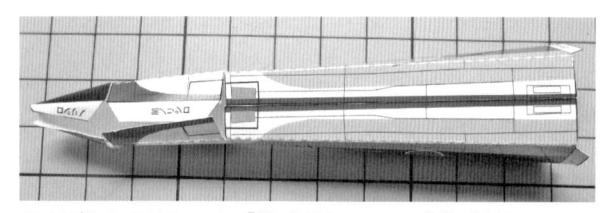

3 下部のノリシロを「後ノリシロ」→「前ノリシロ」の順　紺のラインを真っ直ぐに接着（丸箸で支えながら）。

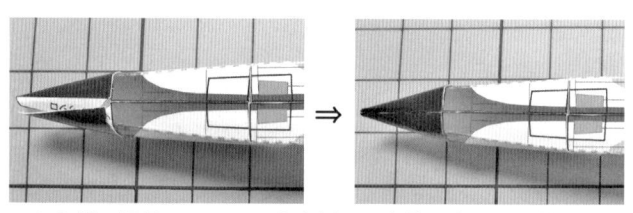

4 先端の細長いノリシロを内側から丸箸で支えて接着する。

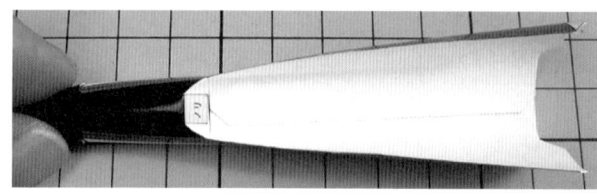

機首・胴体前部の完成（上面）

② 機首のおもり ・・

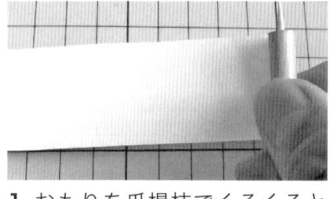

1 おもりを爪楊枝でくるくると巻き、直径1センチの円筒型にしてセロテープでとめる。

2 機首の先に詰め込み、ボンドで下部に接着する。

③ キャノピー ・・・

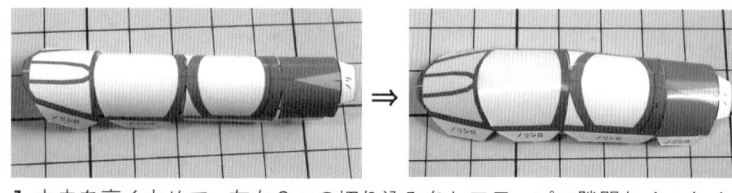

1 中央を高く丸めて、左右6つの切り込みをセロテープで隙間なくつなぐ。

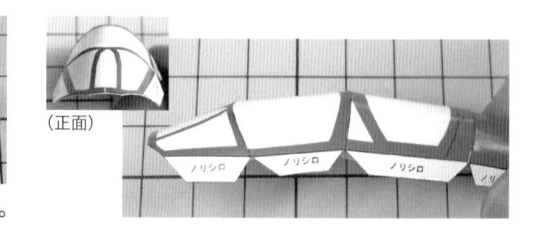

（正面）

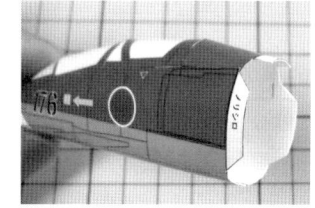

2 まずキャノピーの先端を、機首のノリシロの中心線に合わせて接着する。

3 次に両サイドのノリシロを片側ずつボンドで接着する。後端上のノリシロは、あとで⑦胴体上部の先端を接着する。

④ 胴体中央部

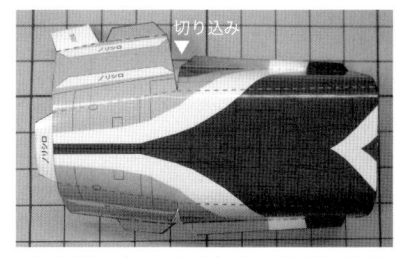
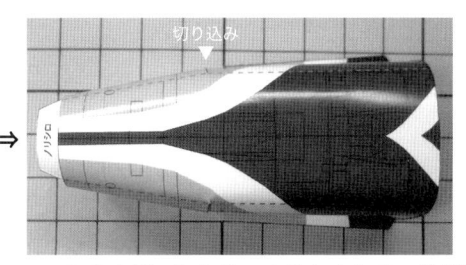

1 両サイドの山折り線、谷折り線を折り、内側の２本のグレーの山折り線は軽く折って丸みをもたせておく。

2 中央部の切り込みを貼り合わせ、前部に「主翼前ノリシロ」を作る。

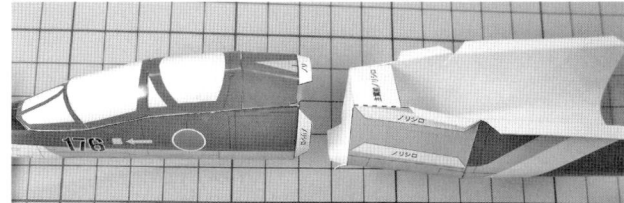

3 胴体前部に胴体中央部を接続するが、まず下部のノリシロを接着する。

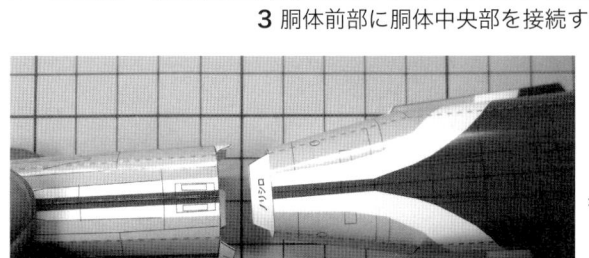
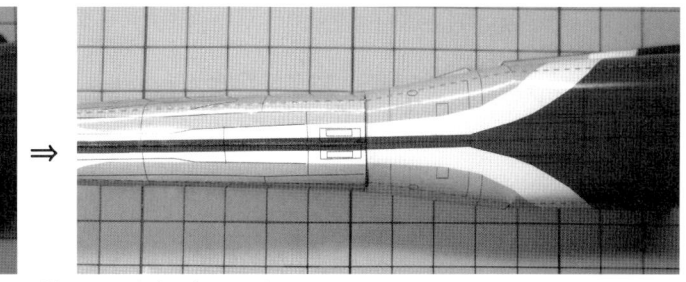

（胴体下面）

下部のノリシロを接着して、紺のラインを真っ直ぐにつなぐ

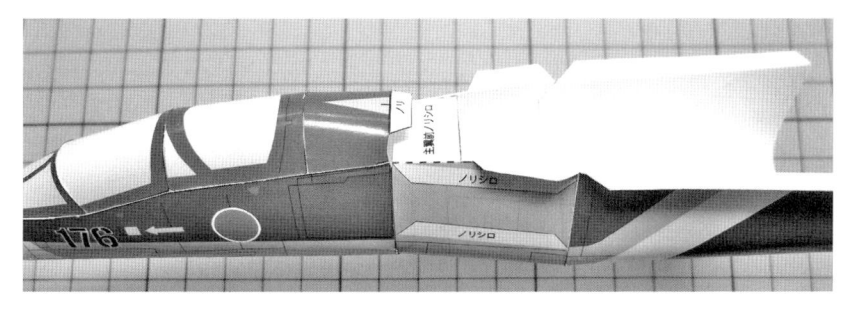

4 胴体前部の左右のノリシロに、両サイドを接着して合体（胴体を曲げないように）。

合体すると上部にノリシロが２段できる。下段の「主翼前ノリシロ」と後方に伸びる長いノリシロには、あとで主翼を接着する

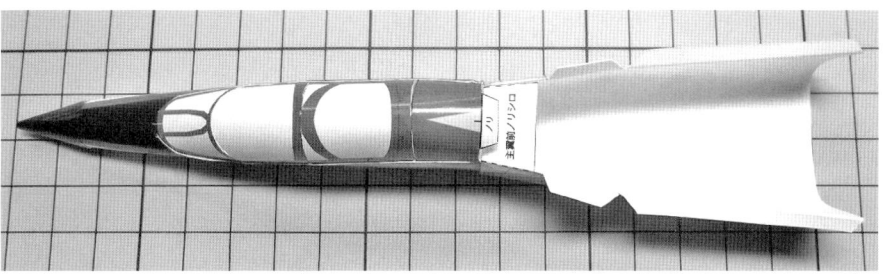

⑤ 主翼

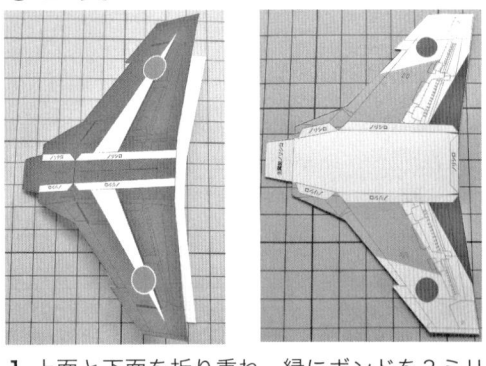
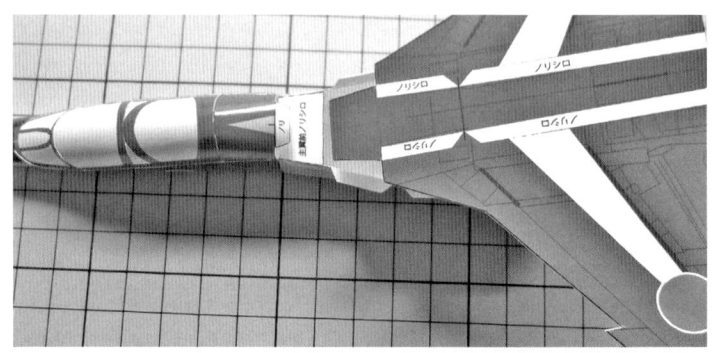

1 上面と下面を折り重ね、縁にボンドを3ミリ幅でつけて貼り合わせ、重しをのせておく。

2 乾いたら、胴体中央部の「主翼前ノリシロ」に接着する。（注：キャノピー後部のノリシロに接着しない）。

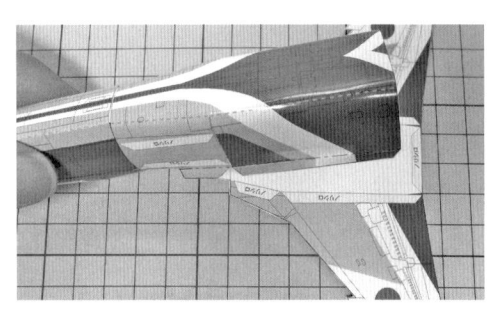 ⇒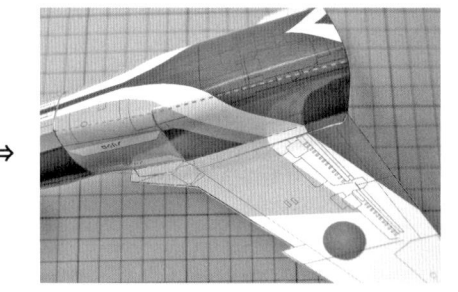

3 胴体中央部のノリシロを主翼下面のノリシロに合わせて接着する。

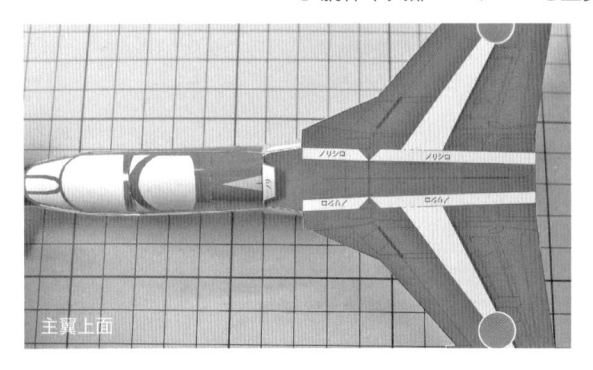
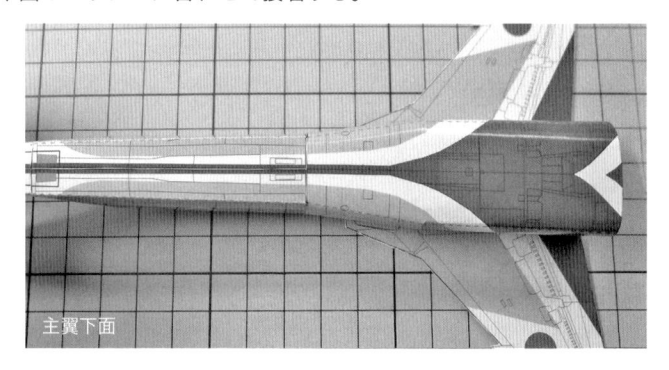

⑥ 胴体後部

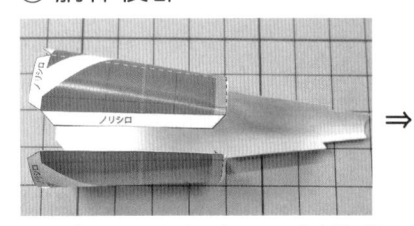 ⇒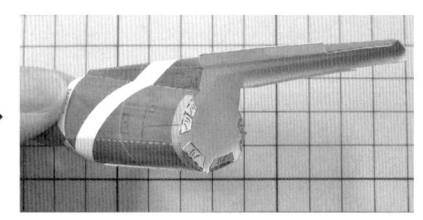

1 胴体に記されたグレーの山折り線と谷折り線を折り、軽く丸めておく。

2 後部の6つの小さなノリシロ（エンジン・ノズル）を山折りし、水平尾翼のノリシロの谷折り線を折ってから、下部の長いノリシロを接着。

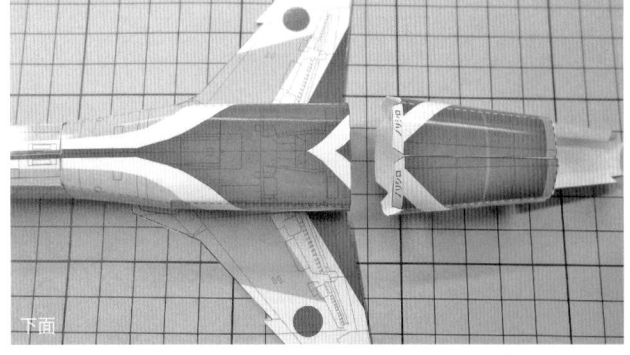
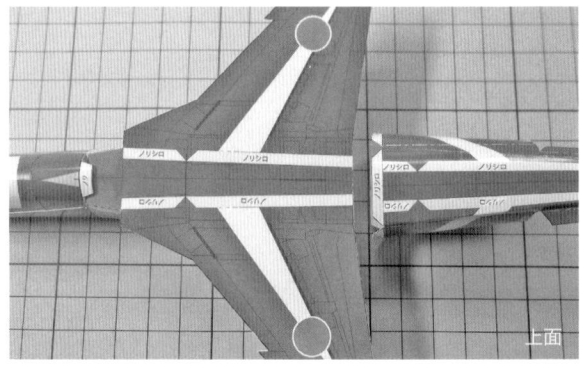

3 胴体中央部に差し込んでノリシロの位置を確かめてから、下面の白ラインをつなぎノリシロ2つで接着する。

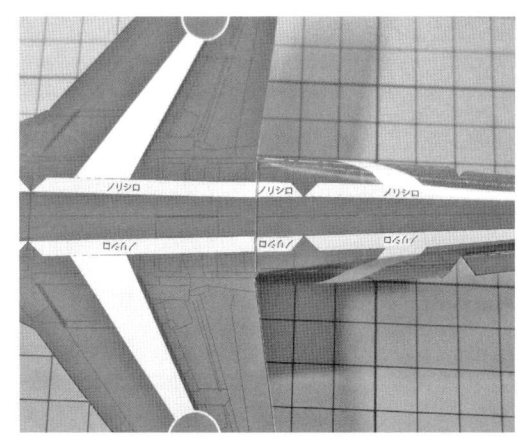

4 両サイドのノリシロを接着し、最後に上面のノリシロを差し込んで主翼後端に接着する。

⑦ 胴体上部

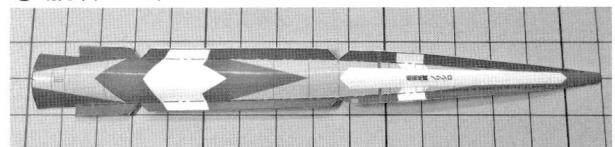

1 細長いパーツの両サイドの谷折り線を丁寧に折り、中央部を丸めておく。

2 先端をキャノピー後部のノリシロにかぶせ、中心線を合わせて「青い矢」をつなぐ。
さらに主翼の白ライン、後部の細い赤ラインを合わせて後端まで接着する。

⑧ 水平尾翼

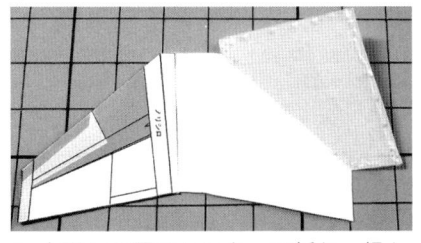

1 上面と下面のセンターで折り、縁と
折り返し部にボンドをつけて接着する。

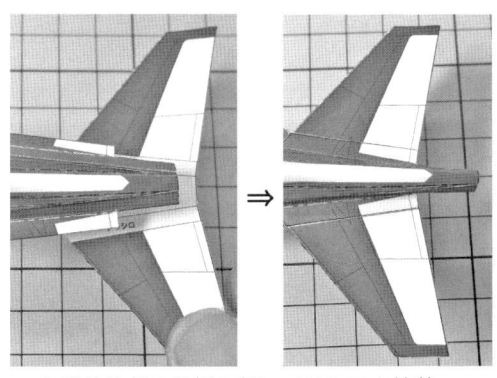

2 胴体後部の谷折り部にノリシロを接着。

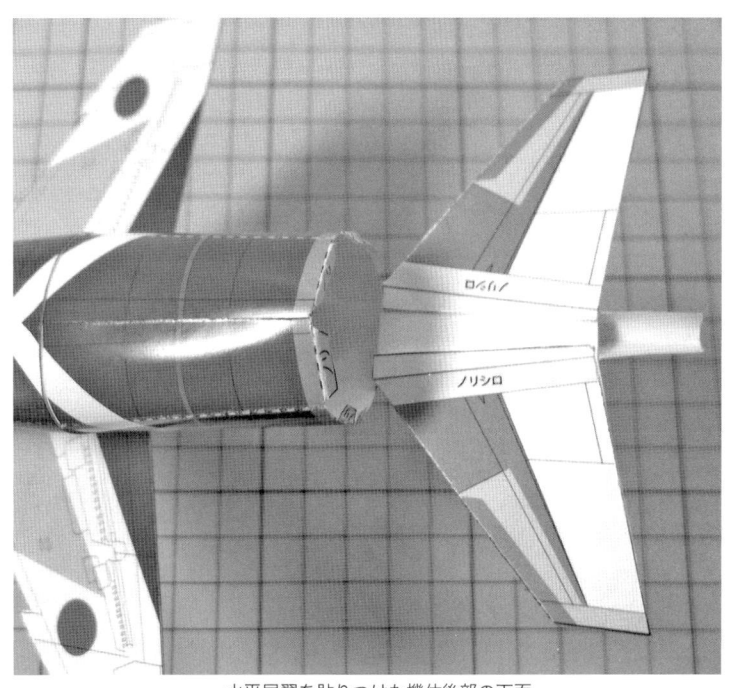

水平尾翼を貼りつけた機体後部の下面

⑨ エンジン・ノズル

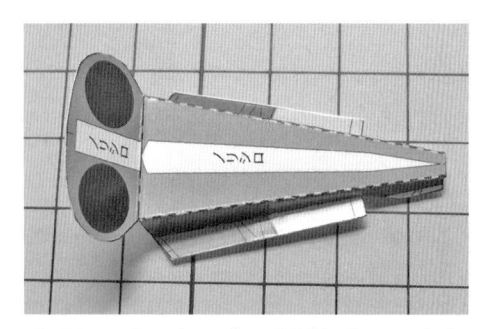 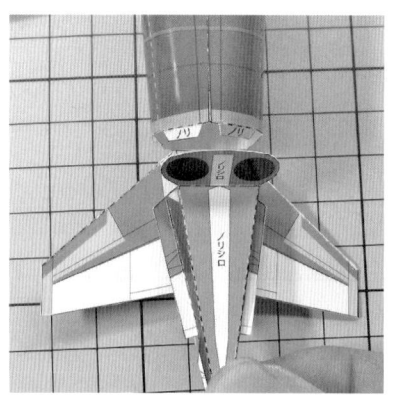 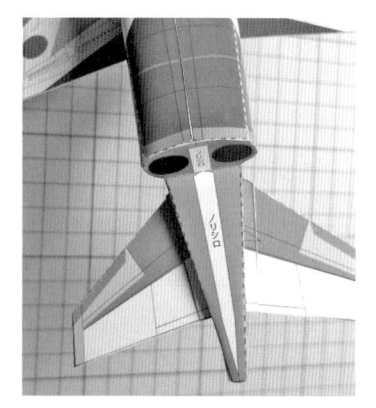

1 目玉のようなノズル（噴射口）の下を谷折りし、両サイドの山折り線と谷折り線を折っておく。

2 胴体後部のノリシロに接着し、両サイドの谷折り部を水平尾翼に貼る。

3 後部両サイドの小さなノリシロを機体後端の内側に接着する。

⑩ 胴体尾部

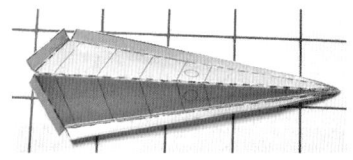

1 中央の山折り線と周りの谷折り線を折り、中央部を貼り合わせる。

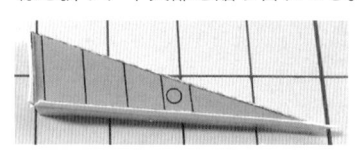

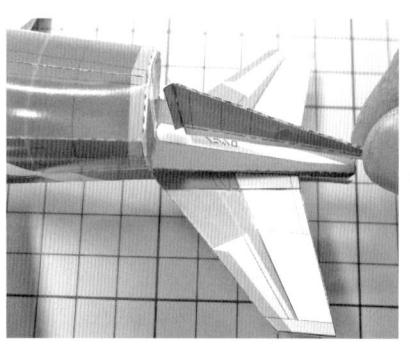

2 エンジン・ノズルの２つのノリシロに接着する。

⑪ エア・インテーク

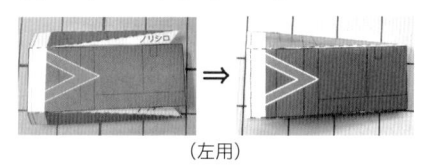

（左用）

1 ノリシロの山折り線を折って、上下の切り込みノリシロを接着する。

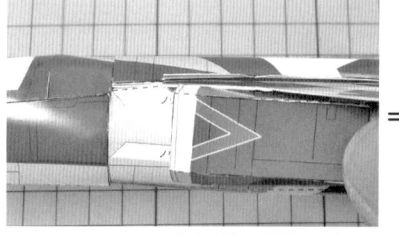 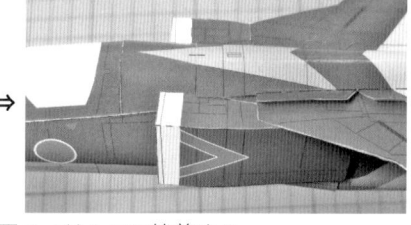

2 胴体の両サイドに上下のノリシロで接着する。

⑫ 垂直尾翼

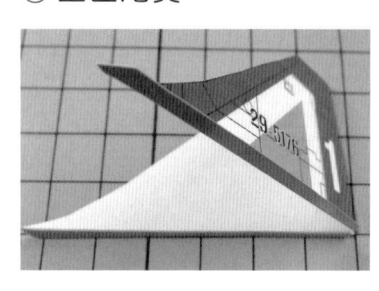

1 センターで山折りし、下辺の谷折り線（ノリシロ）を折ってから、両面を貼り合わせる。

2 乾いたら、胴体上部の赤いラインに合わせて「垂直尾翼ノリシロ」に接着する。

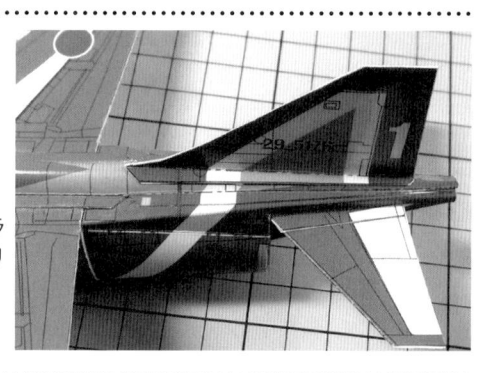

⑬ フック

センターで山折りし、両サイドを谷折りして、中央部を貼り合わせる。乾いたら、機首下に記されたフックラインに合わせて接着する。

T-2 は「持ち手」を付けずに「胴体尾部」を持つ

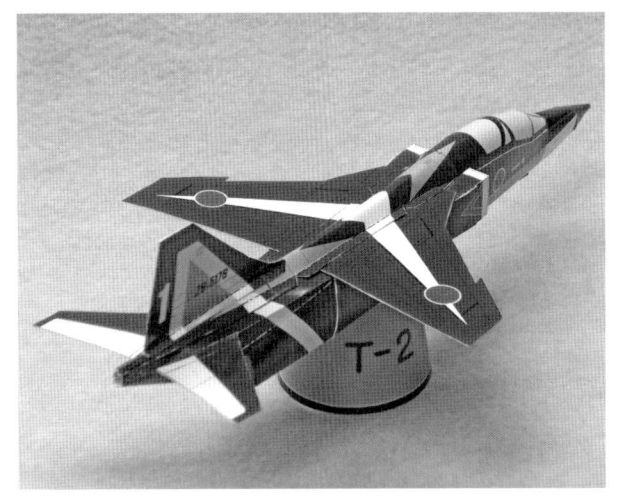

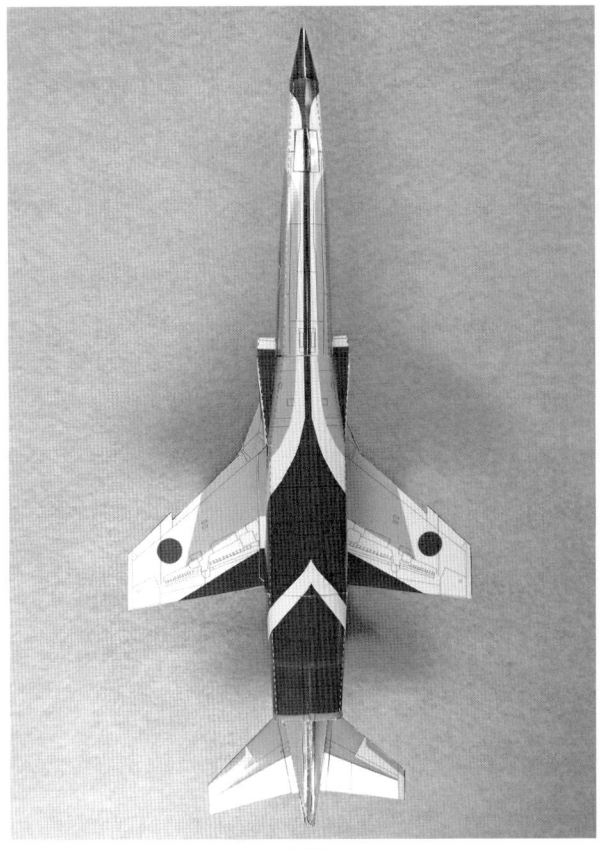

上面

下面

T-4 レッドドルフィン ───・・・───・・・───・・・───

いま日本各地の空で華麗な飛行の舞を演じている3代目 T-4 ブルーインパルス。その練習機の役を担っているのが、この同型機だ。「T」はトレーナーの略だが、鮮やかな赤で彩られた姉妹機の方は「レッドドルフィン」の愛称で呼ばれている。"ブルー"を作る前に、この"赤イルカ"で練習してみよう。胴体～キャノピー～主翼をずれないようにノリシロでつなぎ、別体のエンジン2基を組み立てたら、胴体に丁寧に貼りつけて仕上げよう。

① 機首・胴体前部 ·····································

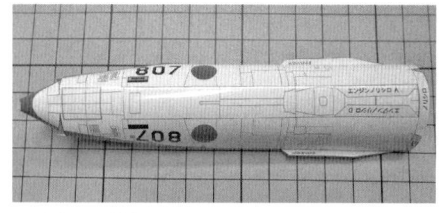
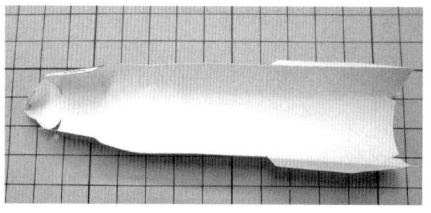
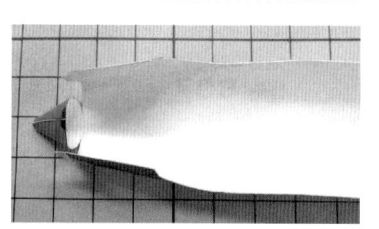

1 後部の「主翼下面ノリシロ」を谷折りしてから、胴体を丸めておく（機首の先端も丸める）。

2 先端のノリシロ1から接着する（前方を貼ってから後方を貼るのがコツ）。乾くまで指で押さえておこう。

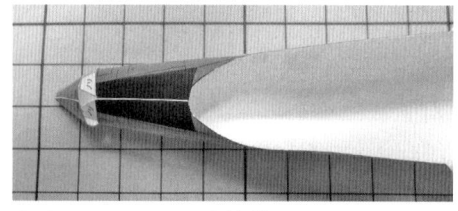

3 次にノリシロ2を接着する。（貼り合わせ部の白線が目立つなら黒マジックで塗る）。

4 キャップをかぶせるように機首を切り込みのノリシロに接着する（内側から丸箸などで支えて）。

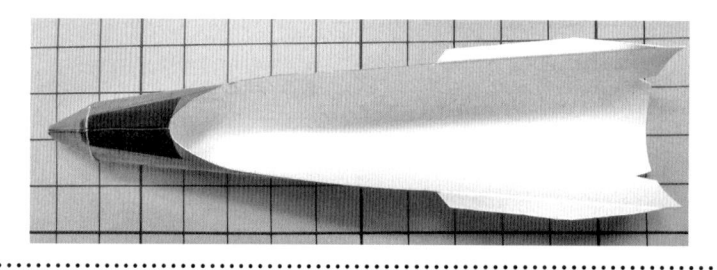

② 機首のおもり ·····································

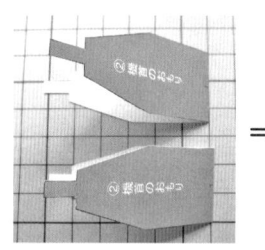
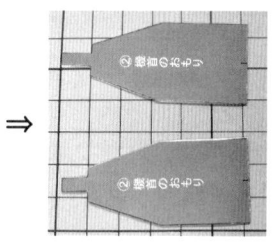
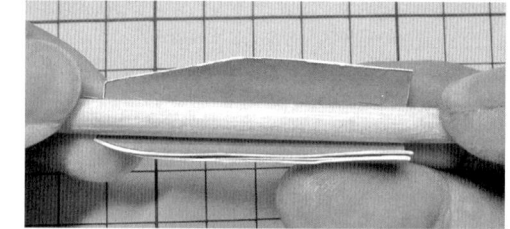
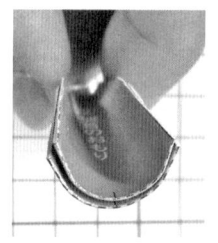

1 山折りして貼り合わせ、同型のおもりを2枚作る。

2 丸箸などを使って全体をU字型に丸める。

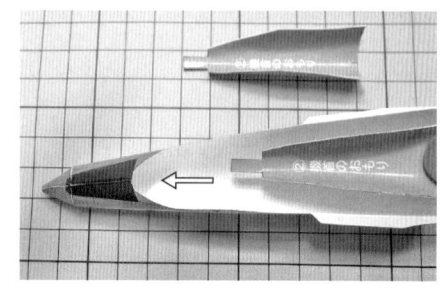
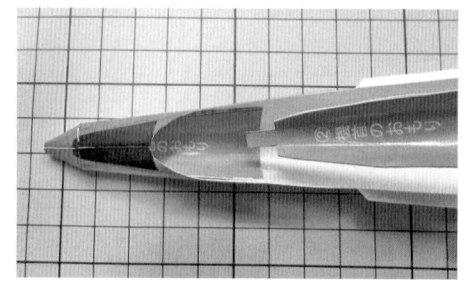
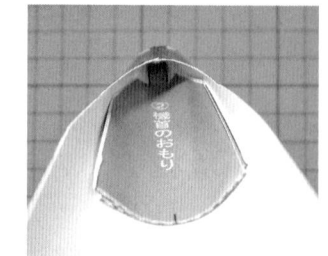

3 先端から後端までボンドをつけ、機首の先まで差し込んで接着する。もう1枚のおもりも重ねて貼る。

③ キャノピー

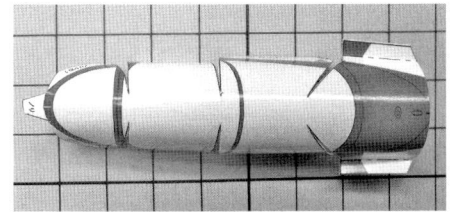 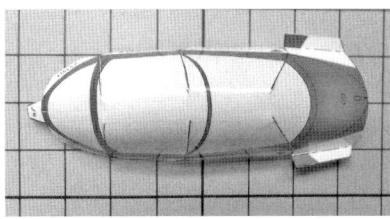

1 後方の「後部ノリ(裏)」の谷折り線を折ってから、中央部を高く丸めてキャノピーの形状を作っておく。

2 切り込みをセロテープで隙間なく貼り合わせる。いちばん後ろの切り込みは赤いラインの下辺を合わせてテープで貼り合わせる。

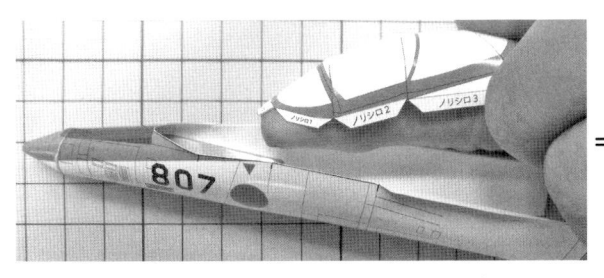 

3 キャノピーを胴体前部に取りつける。まず先端のノリシロと両脇のノリシロ1を胴体内の前方に接着する(中心線を合わせ指先で支えて貼る)。

4 次に後方のノリシロ3を胴体のフレームに接着する(ノリシロの先端と後端を矢印の線にぴったり合わせて貼る)。そのあとノリシロ2の隙間を爪楊枝を使って接着。

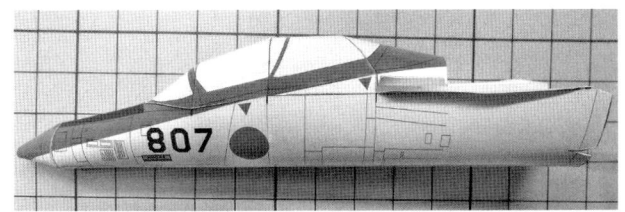

キャノピーの「ノリシロ3」を胴体にぴったり合わせよう！

④ 胴体後部

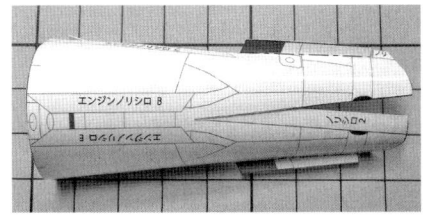 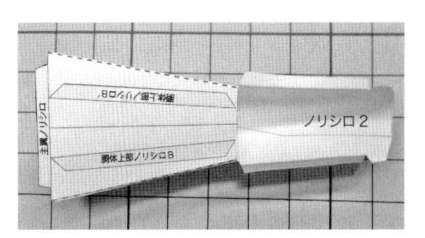

1 サイドの「ノリシロ1」と「エンジン ノリシロF」の山折り線、後部の「水平尾翼ノリシロ(裏)」の谷折り線を折り、胴体を丸めておく。

2 まず後部の切り込み「ノリシロ2」を貼り合わせる。

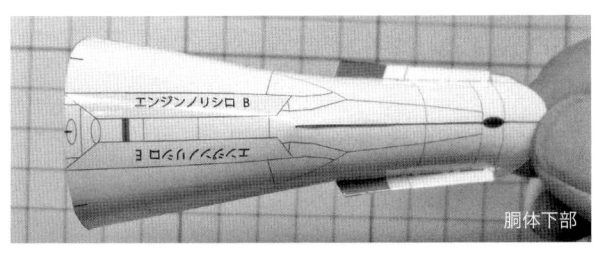 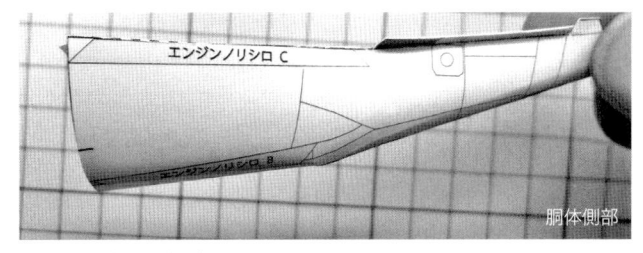

3 次にサイドの「ノリシロ1」を接着して船底状にする。

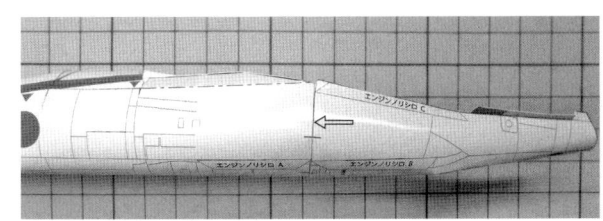 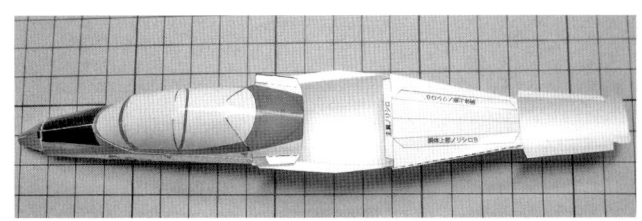

胴体後部を胴体前部の基準線に合わせて連結する

⑤ 主翼

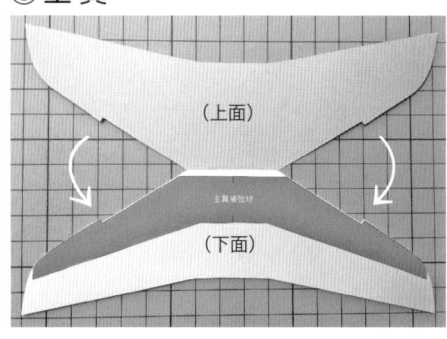

1 上面と下面の間に「主翼補強材」をはさみ、補強材の縁にボンドを3ミリ幅でつけて接着する。

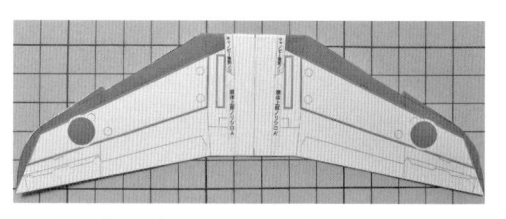

乾いたら、下面の縁にボンドを3ミリ幅でつけて貼り合わせる（折り返し部にもボンドをつける）。乾くまで重しを乗せておく。

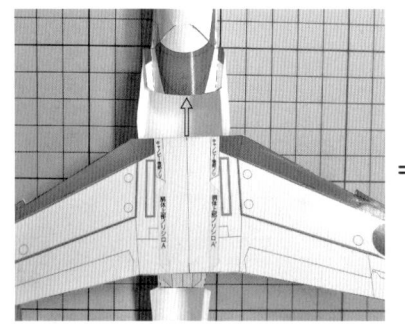 ⇒ 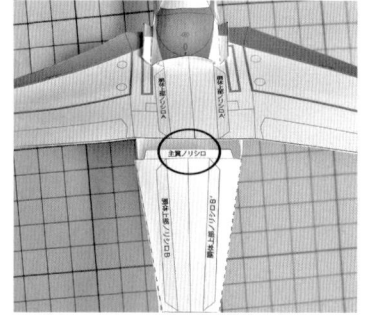 ⇒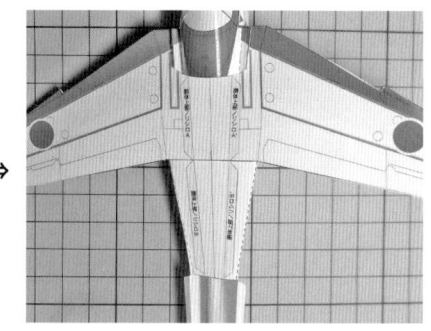

2 主翼の前縁をキャノピーと胴体の隙間に差し込む。後ろを持ち上げて、胴体後部の「主翼ノリシロ」に接着する（中心線を合わせて丸箸で支えて）。

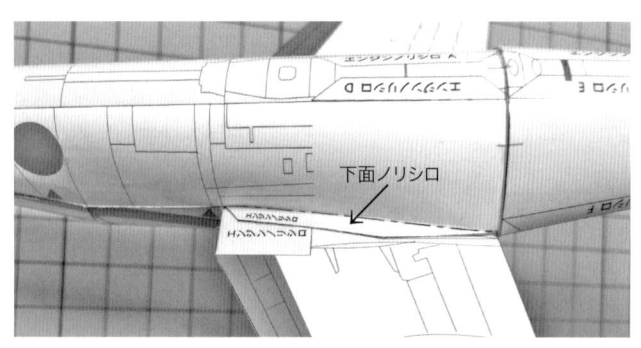

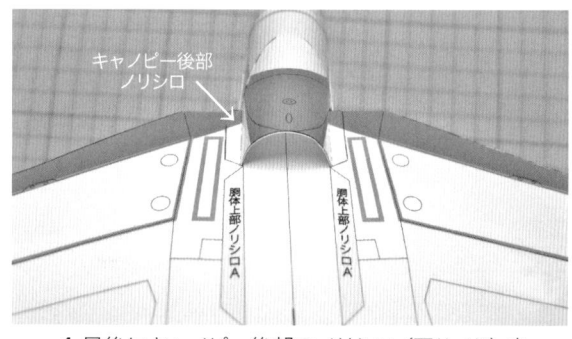

3 次に長い「下面ノリシロ」を胴体前部の「主翼下面ノリシロ（裏）」に合わせて接着する。

4 最後にキャノピー後部のノリシロ（両サイド）を、主翼前部に接着する。

⑥ 水平尾翼

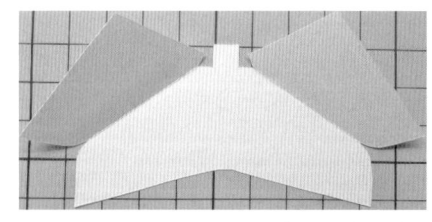

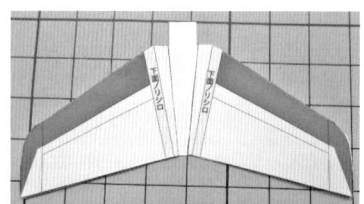

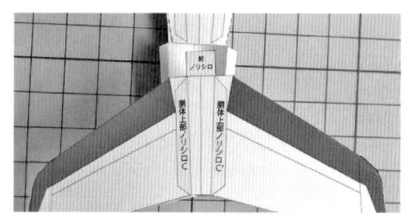

1 上面と下面のセンターで折り、縁と折り返し部にボンドをつけて接着する。

2 「前ノリシロ」を胴体後部の中央に差し込み、センター合わせで接着する。

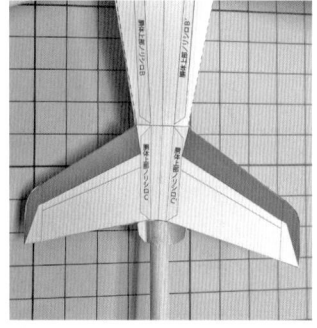

前ノリシロは丸箸で支えて接着する

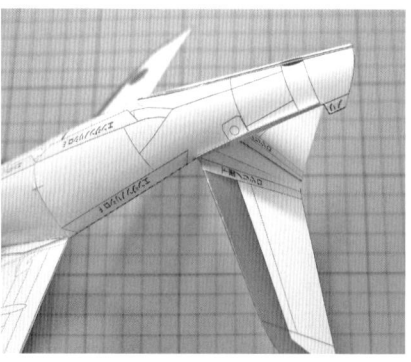

3 次に胴体後部の谷折り部に「下面ノリシロ」を接着する。

⑦ 胴体上部

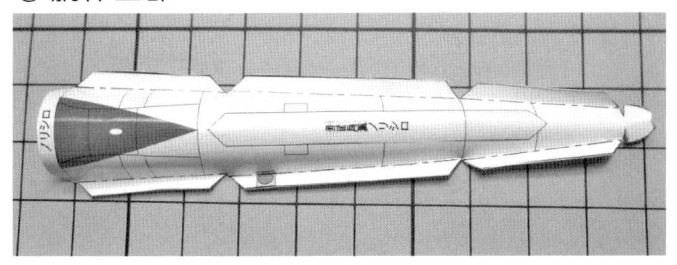

1 両サイドのノリシロの切り込みを丁寧に切る（前方の切り込みの形状に注意）。両側の谷折り線を折って、中央部を丸めておく。

2 まず先端のノリシロをキャノピーの後部に差し込み、中心線を合わせて接着する。

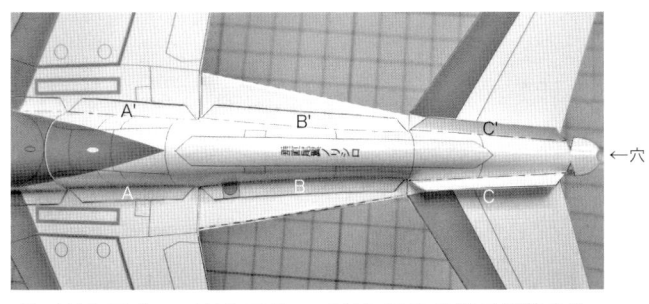
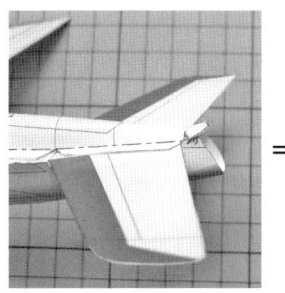
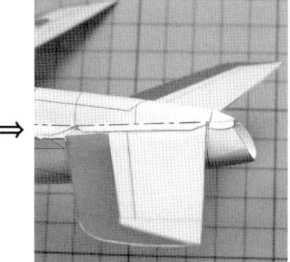

←穴

3 ノリシロ A →ノリシロ B →ノリシロ C の順で接着する。
（A と B は後部の穴から丸箸で支えると貼りやすい）

4 後端を下へ折り曲げて、胴体後部に貼りつける。

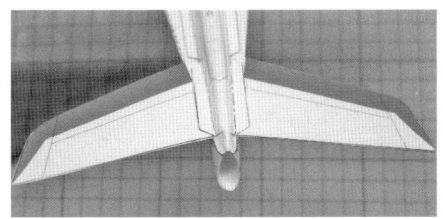

最後尾に空いている楕円形の穴

⑧ エンジン

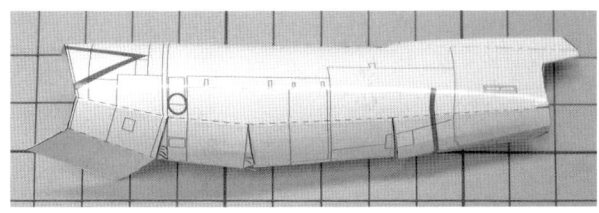
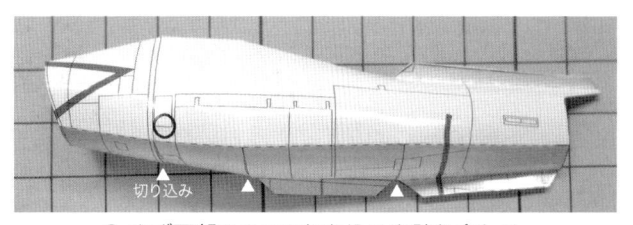

1 （左エンジン）ノリシロ A、B、C を谷折りし、さらに山折り線を折って、全体を丸める。

2 まず下部の3つの切り込みを貼り合わせ、上部の「主翼ノリシロ」の切り込みも接着。

切り込み

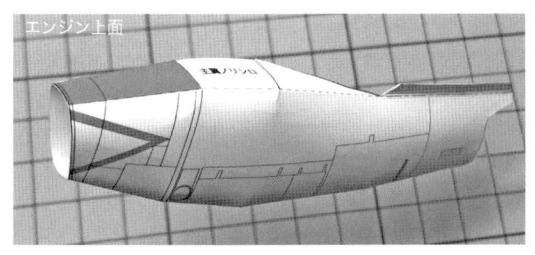
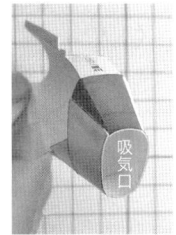
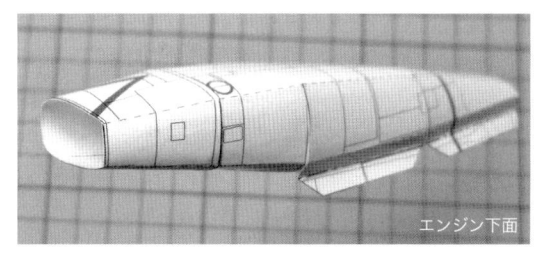

3 「前部ノリシロ」を反対側に貼りつけて、長方形のエンジン吸気口を前方に作る。

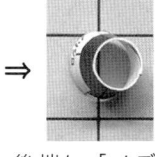
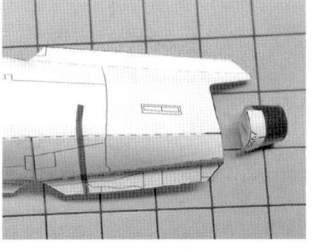
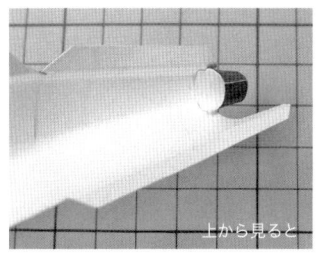
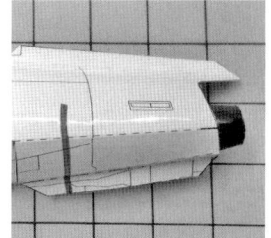

4 エンジン後端に「ノズル」をつける。円筒形に丸めて先端のノリシロで接着。

5 乾いたら、エンジン後端の目印線に合わせて貼りつける。

6 エンジンを胴体に接着する。ノリシロを1つずつ貼っていく。手順はノリシロA→ノリシロB→主翼ノリシロ（主翼下面の「エンジンノリシロ」に）→ノリシロCの順で接着する。
（右エンジンも同様にノリシロD→ノリシロE→主翼ノリシロ→ノリシロFの順で接着）

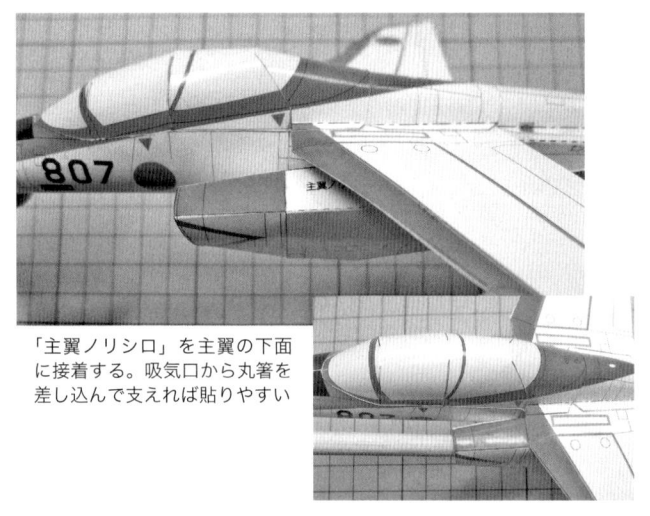

「主翼ノリシロ」を主翼の下面に接着する。吸気口から丸箸を差し込んで支えれば貼りやすい

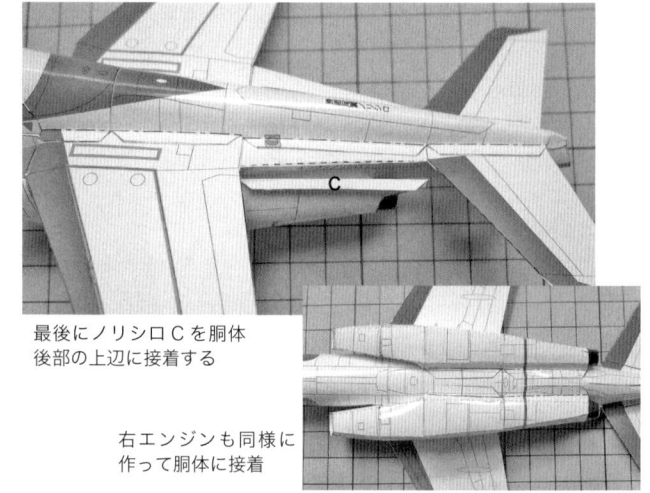

最後にノリシロCを胴体後部の上辺に接着する

右エンジンも同様に作って胴体に接着

⑨ 垂直尾翼

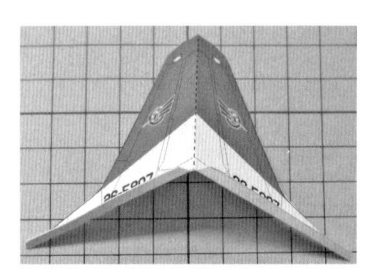

1 下辺の谷折り線（ノリシロ部）を折ってから、センターで山折りする。縁と中央部に3ミリ幅でボンドをつけて、両面を貼り合わせる。

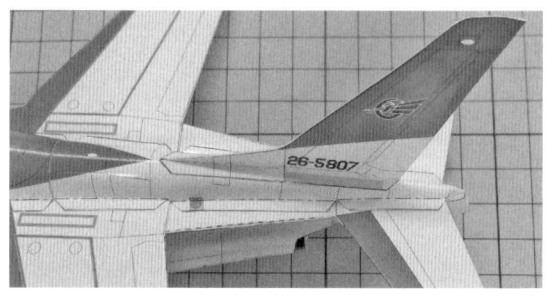

2 乾いたら、胴体上部の「垂直尾翼ノリシロ」に下辺の谷折り部を合わせて接着する。

⑩フック＆⑪ 持ち手

1 どちらもセンターで山折りし、両サイドを谷折りして接着する。

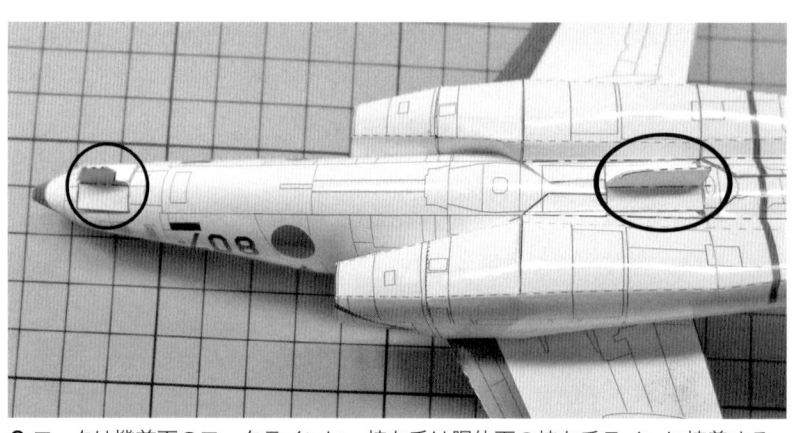

2 フックは機首下のフックラインに、持ち手は胴体下の持ち手ラインに接着する。

上面

下面

※仕上げに、主翼前縁の切り口（紙の白）を赤く塗れば見栄えがよくなる

T-4 ブルーインパルス ── ・・・── ・・・── ・・・──

T-4 レッドドルフィンで練習をしたら、本番のブルーインパルス仕様を作ってみよう。同型機だが、機体はブルーインパルスのシンボル・カラーで彩られている。各地で催される航空祭では、青空をカンバスにみごと曲技と鮮やかなスモーク絵を描いて航空ファンを魅了している。作り方は"赤イルカ"とまったく同じだから、3代目の現役スターは、なるべくきれいに仕上げて、青空に向けて飛ばしてみよう！

① 機首・胴体前部 ·······································

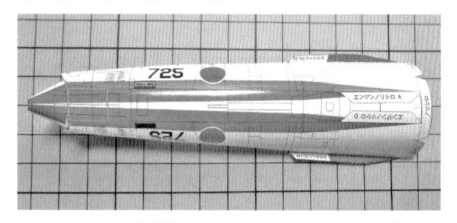
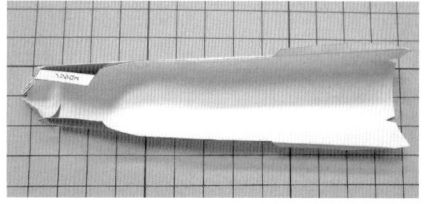
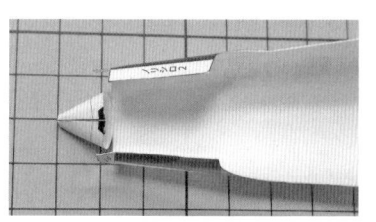

1 後部の「主翼下面ノリシロ」を谷折りしてから、胴体を丸めておく（機首の先端も丸める）。

2 先端のノリシロ1から接着する（前方を貼ってから後方を貼るのがコツ）。乾くまで指で押さえておこう。

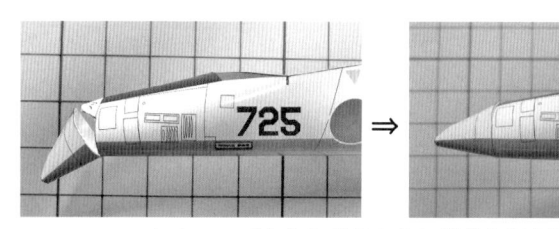

3 次にノリシロ2を接着する。（貼り合わせ部の白線が目立つなら黒マジックで塗る）。

4 キャップをかぶせるように機首を切り込みのノリシロに接着する（内側から丸箸などで支えて）。

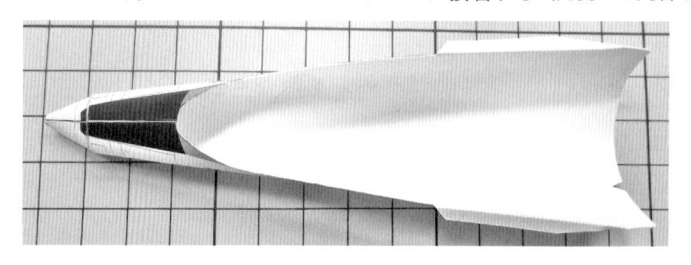

② 機首のおもり ···

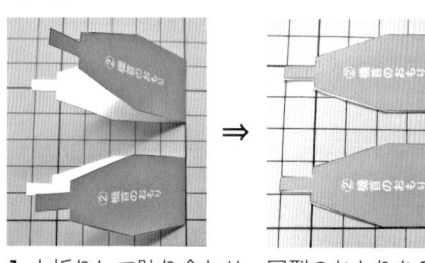
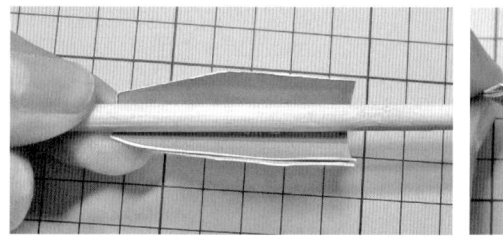

1 山折りして貼り合わせ、同型のおもりを2枚作る。

2 丸箸などを使って全体をU字型に丸める。

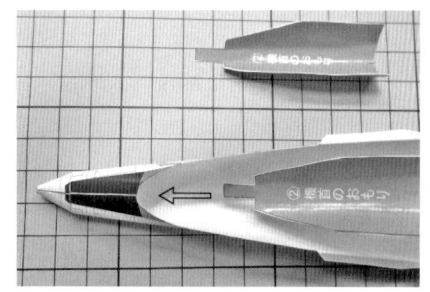

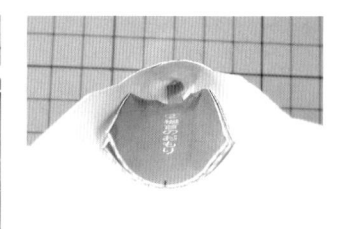

3 先端から後端までボンドをつけ、機首の先まで差し込んで接着する。もう1枚のおもりも重ねて貼る。

③ キャノピー

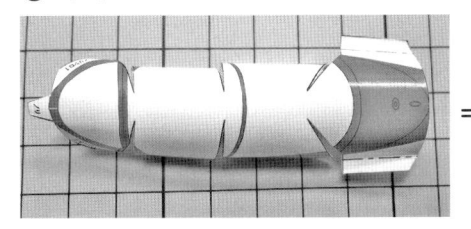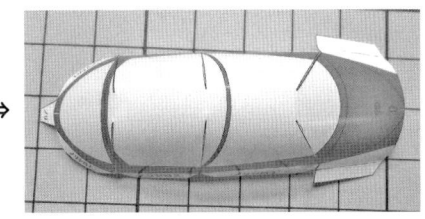

1 後方の「後部ノリ(裏)」の谷折り線を折ってから、中央部を高く丸めてキャノピーの形状を作っておく。

2 切り込みをセロテープで隙間なく貼り合わせる。いちばん後ろの切り込みは青いラインの下辺を合わせてテープで貼り合わせる。

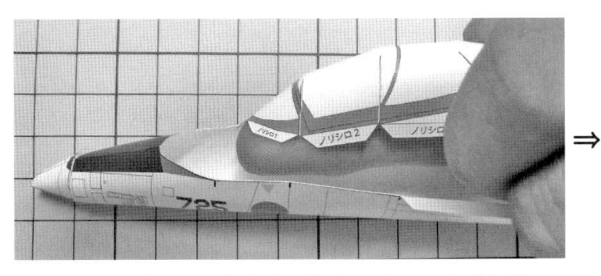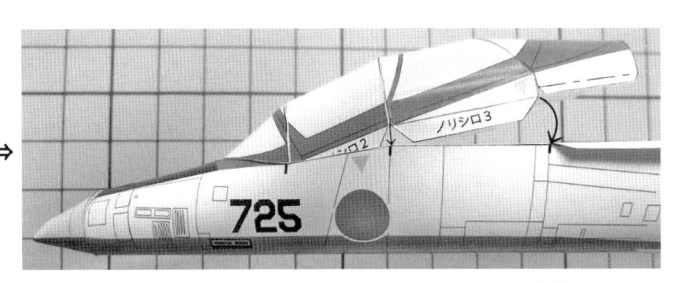

3 キャノピーを胴体前部に取りつける。まず先端のノリシロと両脇のノリシロ1を胴体内の前方に接着する(中心線を合わせ指先で支えて貼る)。

4 次に後方のノリシロ3を胴体のフレームに接着する(ノリシロの先端と後端を矢印の線にぴったり合わせて貼る)。そのあとノリシロ2の隙間を爪楊枝を使って接着。

キャノピーの「ノリシロ3」を胴体にぴったり合わせよう!

④ 胴体後部

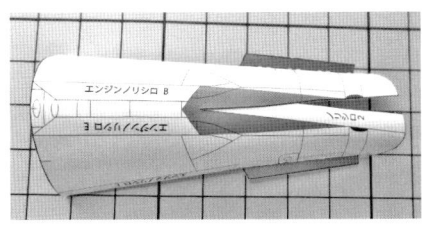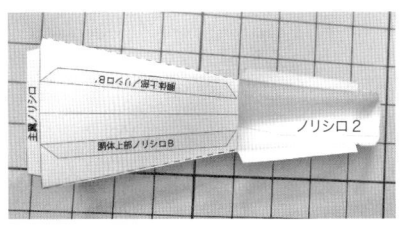

1 サイドの「ノリシロ1」と「エンジン ノリシロF」の山折り線、後部の「水平尾翼ノリシロ(裏)」の谷折り線を折り、胴体を丸めておく。

2 まず後部の切り込み「ノリシロ2」を貼り合わせる。

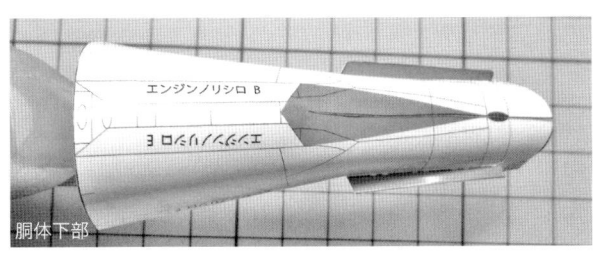

3 次にサイドの「ノリシロ1」を接着して船底状にする。

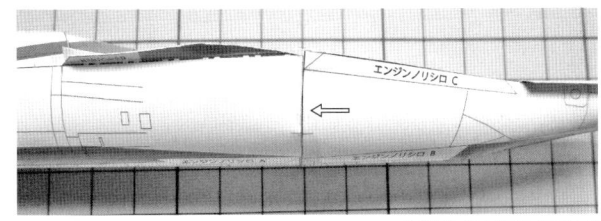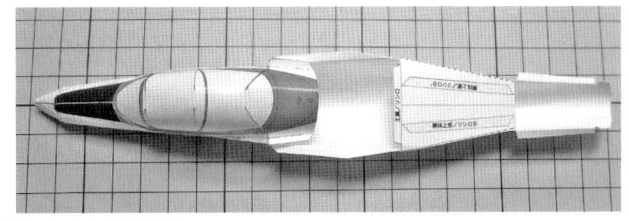

胴体後部を胴体前部の基準線に合わせて連結する

⑤主翼

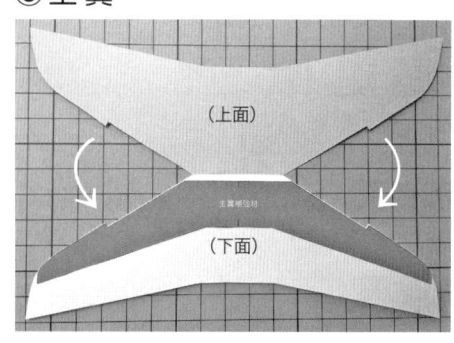

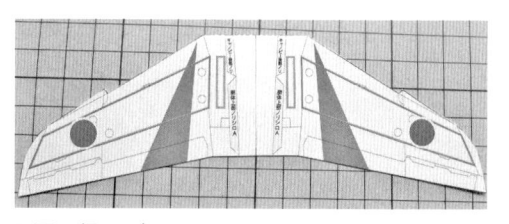

1 上面と下面の間に「主翼補強材」をはさみ、補強材の縁にボンドを3ミリ幅でつけて接着する。

乾いたら、下面の縁にボンドを3ミリ幅でつけて貼り合わせる（折り返し部にもボンドをつける）。乾くまで重しを乗せておく。

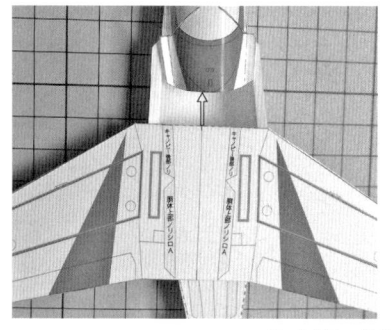 ⇒ 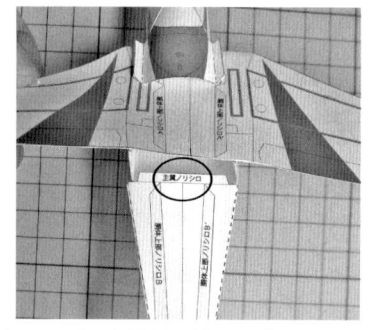 ⇒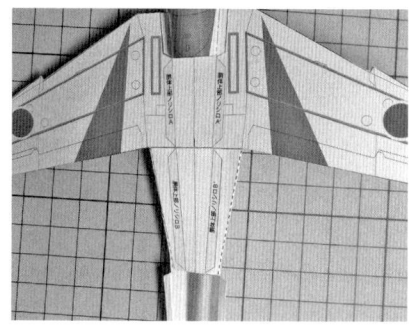

2 主翼の前縁をキャノピーと胴体の隙間に差し込む。後ろを持ち上げて、胴体後部の「主翼ノリシロ」に接着する（中心線を合わせて丸箸で支えて）。

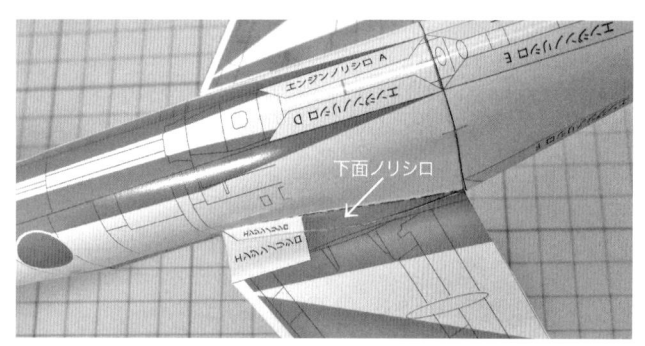

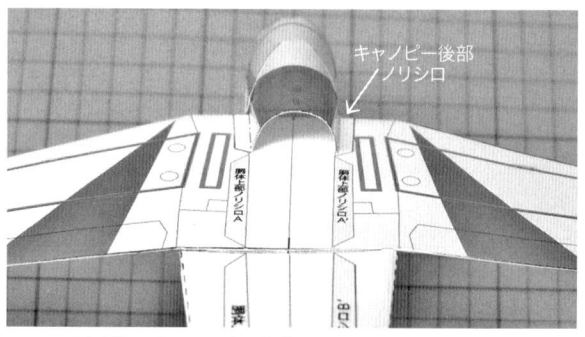

3 次に長い「下面ノリシロ」を胴体前部の「主翼下面ノリシロ（裏)」に合わせて接着する。

4 最後にキャノピー後部のノリシロ（両サイド）を、主翼前部に接着する。

⑥ 水平尾翼

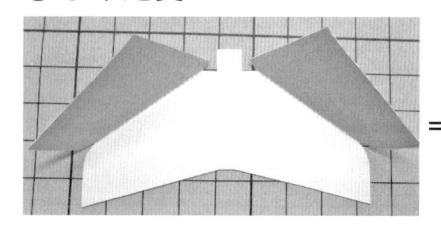 ⇒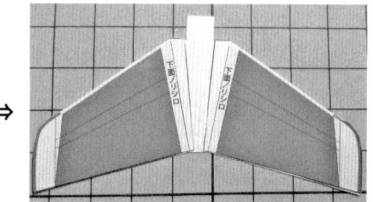

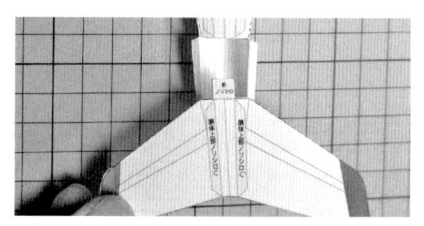

1 上面と下面のセンターで折り、縁と折り返し部にボンドをつけて接着する。

2「前ノリシロ」を胴体後部の中央に差し込み、センター合わせで接着する。

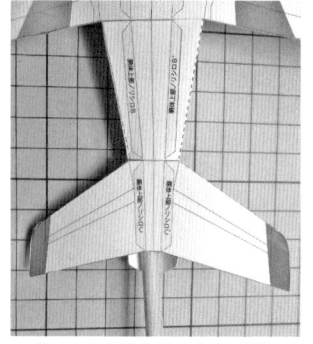

前ノリシロは丸箸で支えて接着

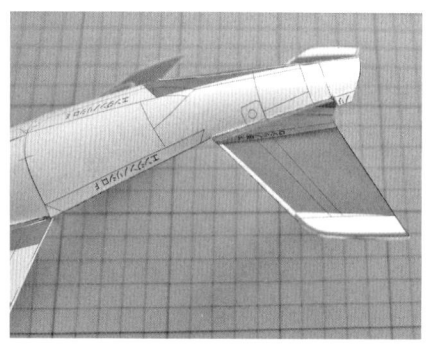

3 次に胴体後部の谷折り部に「下面ノリシロ」を接着する。

⑦ 胴体上部

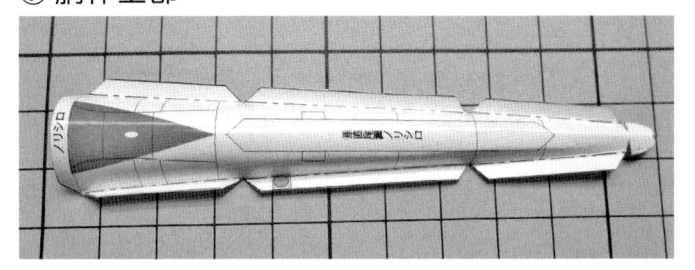

1 両サイドのノリシロの切り込みを丁寧に切る（前方の切り込みの形状に注意）。両側の谷折り線を折って、中央部を丸めておく。

2 まず先端のノリシロをキャノピーの後部に差し込み、中心線を合わせて接着する。

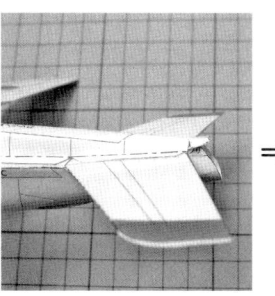

3 ノリシロA→ノリシロB→ノリシロCの順で接着する。（AとBは後部の穴から丸箸で支えると貼りやすい）

4 後端を下へ折り曲げて、胴体後部に貼りつける。

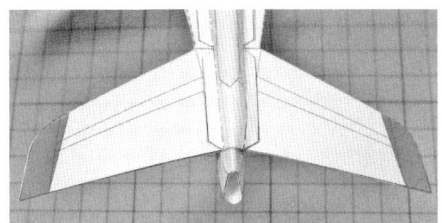

最後尾に空いている楕円形の穴

⑧ エンジン

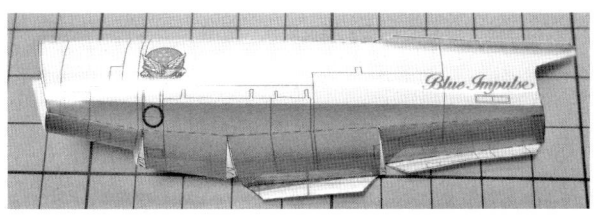
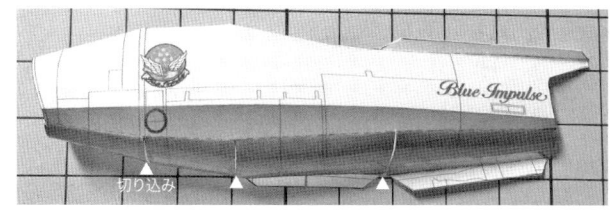

1 （左エンジン）ノリシロA、B、Cを谷折りし、さらに山折り線を折って、全体を丸める。

2 まず下部の3つの切り込みを貼り合わせ、上部の「主翼ノリシロ」の切り込みも接着。

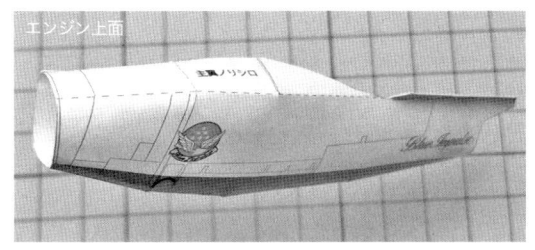

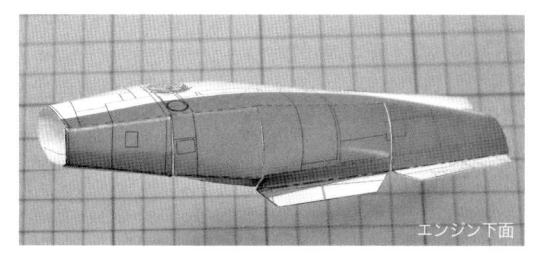

3 「前部ノリシロ」を反対側に貼りつけて、長方形のエンジン吸気口を前方に作る。

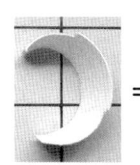
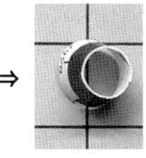
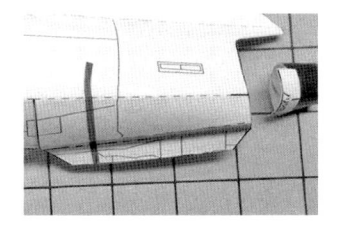
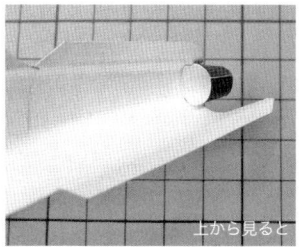
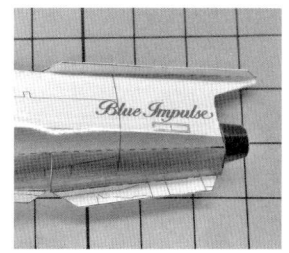

4 エンジン後端に「ノズル」をつける。円筒形に丸めて先端のノリシロで接着。

5 乾いたら、エンジン後端の目印線に合わせて貼りつける。

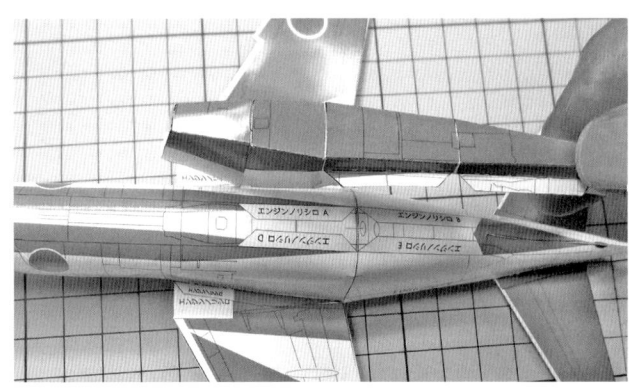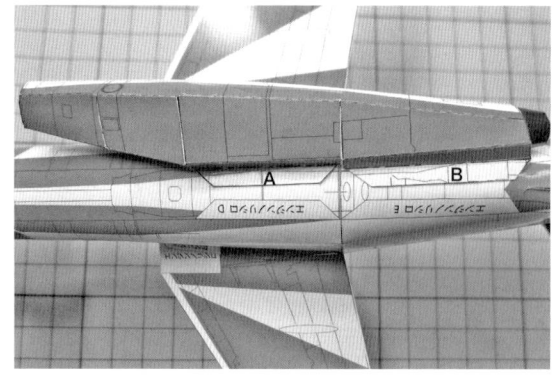

6 エンジンを胴体に接着する。ノリシロを1つずつ貼っていく。手順はノリシロA→ノリシロB→主翼ノリシロ（主翼下面の「エンジンノリシロ」に）→ノリシロCの順で接着する。（右エンジンも同様にノリシロD→ノリシロE→主翼ノリシロ→ノリシロFの順で接着）

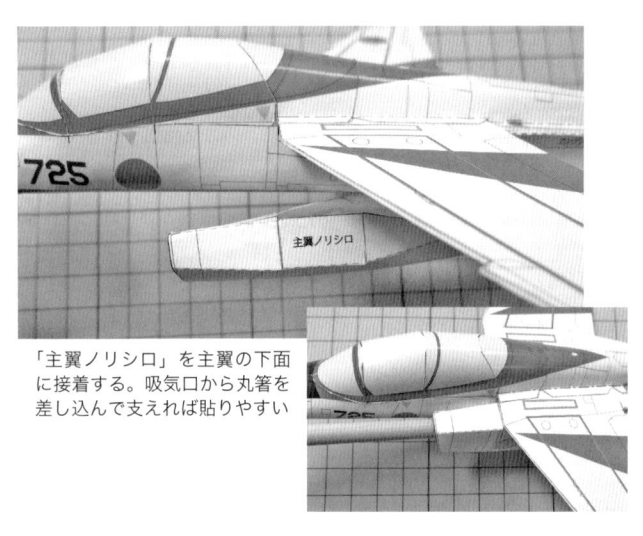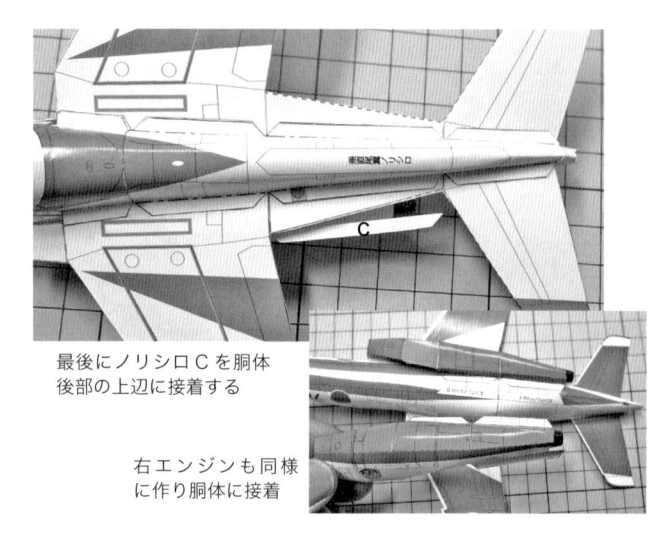

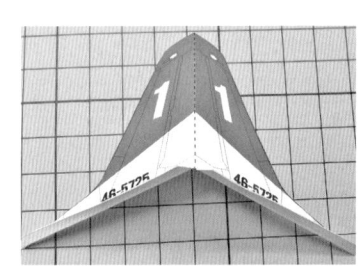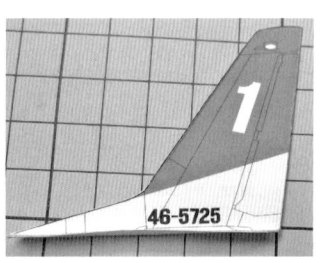

「主翼ノリシロ」を主翼の下面に接着する。吸気口から丸箸を差し込んで支えれば貼りやすい

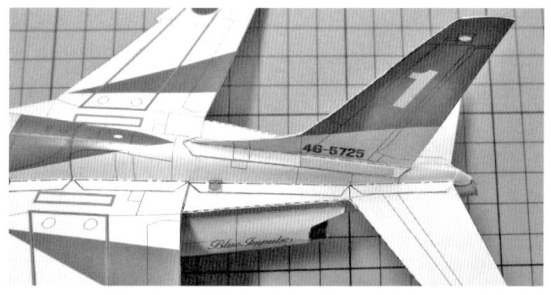

最後にノリシロCを胴体後部の上辺に接着する

右エンジンも同様に作り胴体に接着

⑨ 垂直尾翼 ···

1 下辺の谷折り線（ノリシロ部）を折ってから、センターで山折りする。縁と中央部に3ミリ幅でボンドをつけて、両面を貼り合わせる。

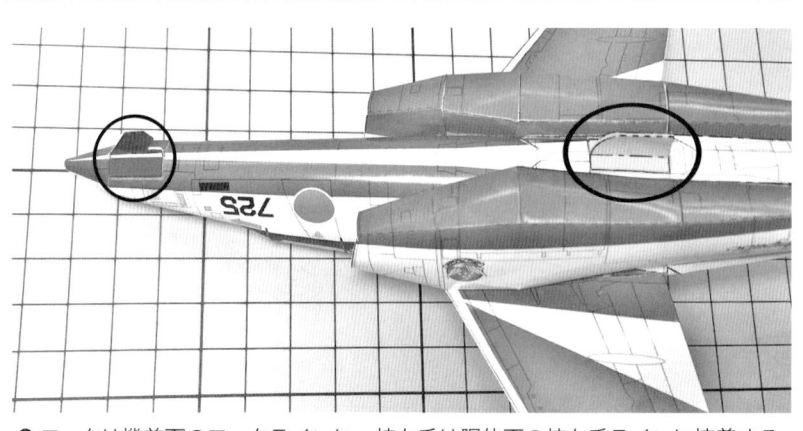

2 乾いたら、胴体上部の「垂直尾翼ノリシロ」に下辺の谷折り部を合わせて接着する。

⑩フック＆⑪ 持ち手 ···

1 どちらもセンターで山折りし、両サイドを谷折りして接着する。

2 フックは機首下のフックラインに、持ち手は胴体下の持ち手ラインに接着する。

上面

下面

X-2 ★★★★★★★★★★★★★★★★★★★★★★★★★★★★★

日本初のステルス型ジェット機は、斬新で優美なデザインだ。主翼と水平尾翼が同レベルで連なり、2枚の垂直尾翼が背びれのように斜めに立っている。この機種は、前部と後部を別々に作ってから合体させることになる。正面から見ると、胴体は六角形のような形状で、両サイドに記された山折り線を基準に作っていく。主翼と水平尾翼が一体化した翼、そのセンターにはブルーラインの凹み（ブルーの谷）が走り、胴体下部のチャーミングな膨らみも面白い。

① 機首・胴体前部 ·······

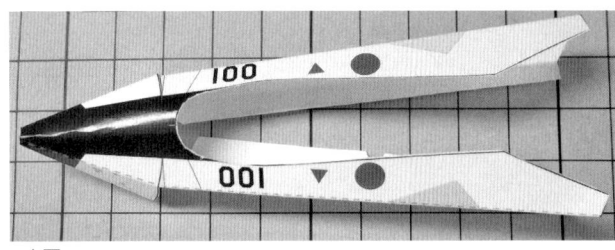

上面

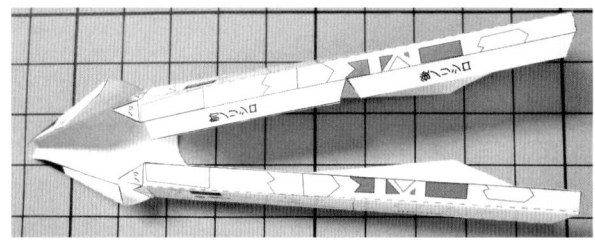

下面

1 両サイドに2本ずつ記してある山折り線を折り、胴体を丸めておく。

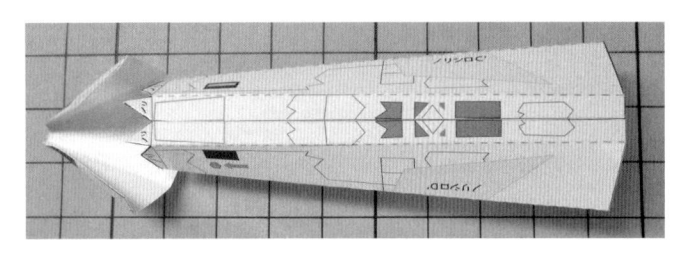

2 まず左サイドに付いている「前ノリシロ」と「後ノリシロ」を、右サイドに貼り合わせて胴体前部を作る。「後ノリシロ」→「前ノリシロ」の順で接着した方が貼りやすい（前ノリシロは内側から丸箸で支えて）。下面のパネルラインをぴったり合わせて接着する。

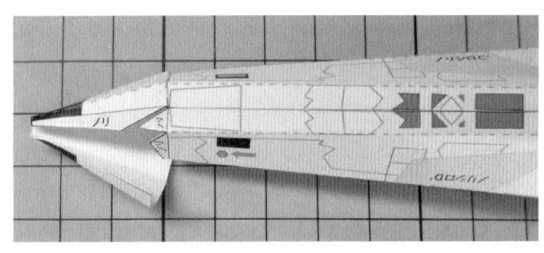

 ⇒

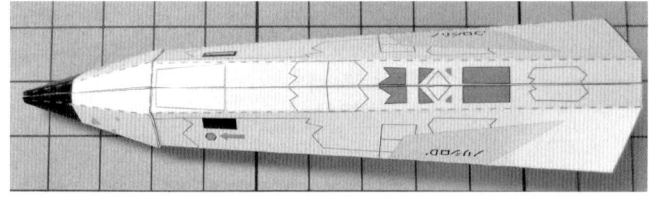

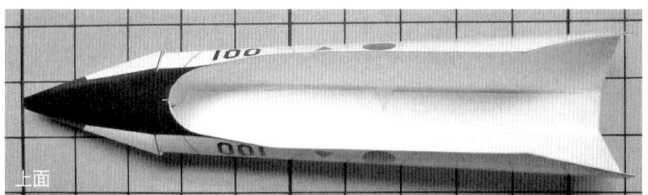

上面

3 次に機首の両脇の「切り込みノリシロ」を左側から貼り合わせる（丸箸で支えて）。乾いたら、機首を細く丸めて右側の「切り込みノリシロ」と先端の長細いノリシロを同時に接着する（乾くまで指で押さえておく）。

② 機首のおもり ·······

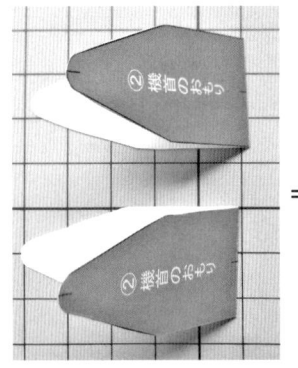

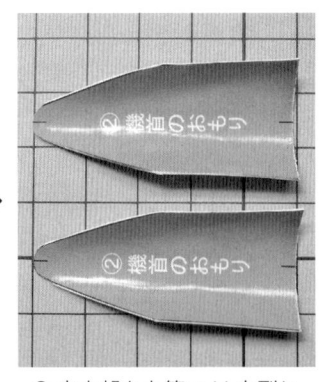

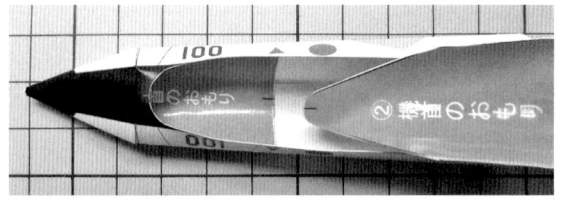

1 同型のおもり2枚を半分に折って貼り合わせる。

2 中央部を丸箸でU字型に丸めておく。

3 おもりを1枚ずつ機首の先端に差し込んで接着する。

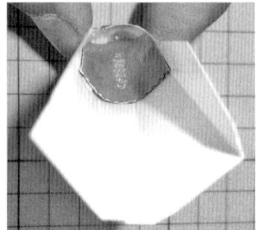

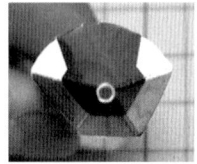

おもりは機首の補強材にもなる

③ キャノピー

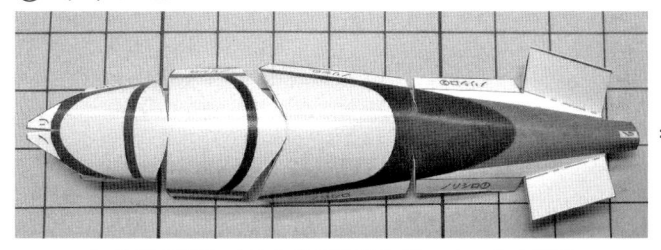 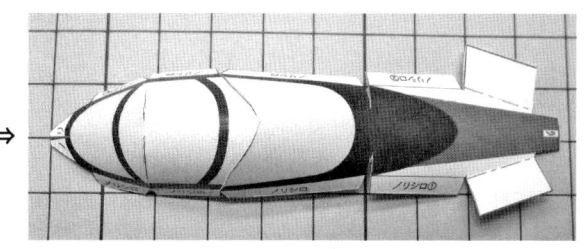

1 後部の両サイドの谷折り線を折って、中央部を盛り上げて形を整える。

2 両サイドの前方２つの切り込みをセロテープでつなぐ。３つ目の切り込み（ノリシロ①②の前）はそのままに。

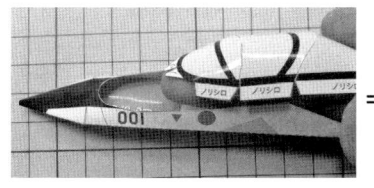 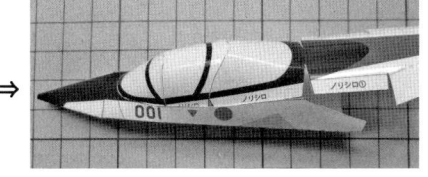

3 まず先端の尖ったノリシロを機首の中心線に合わせて接着する（内側から指で支えて）。

4 続く３つのノリシロを、片側ずつ黒いフレームと胴体の縁を合わせながら接着する。

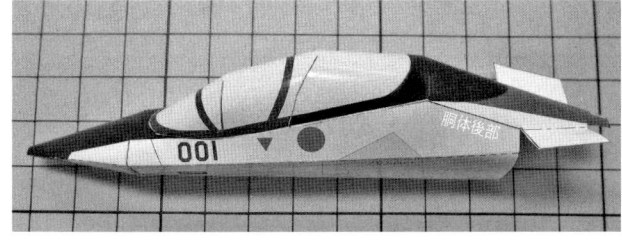 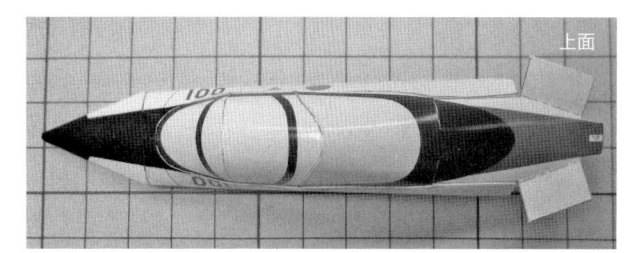

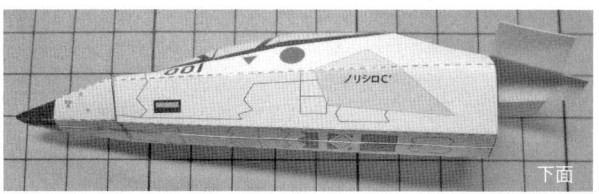

5 最後にノリシロ①とノリシロ②を、胴体後部（写真参照）にぴったり合わせて接着する。
（注：両サイドのノリシロはズレやすいので、最初にノリシロ①とノリシロ②を胴体後部に合わせて貼った方が無難）。

④ 主翼・水平尾翼

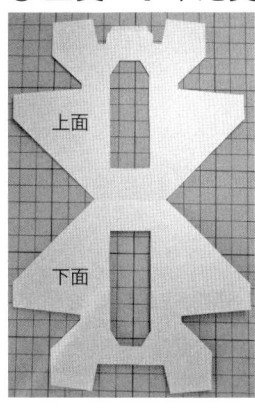 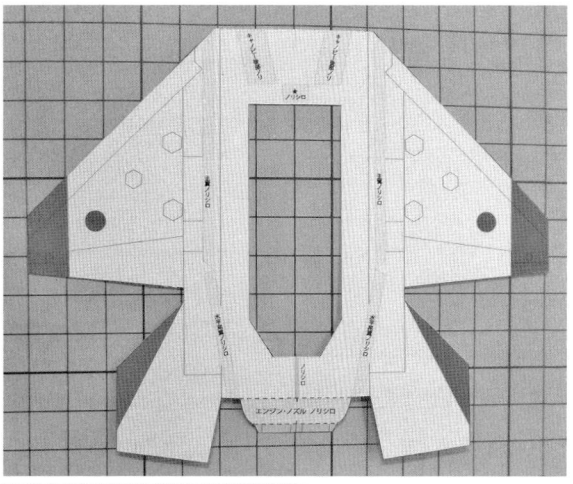

1 上面と下面の「キリヌキ」を切り取り、センターで折り返して重ねてみる。

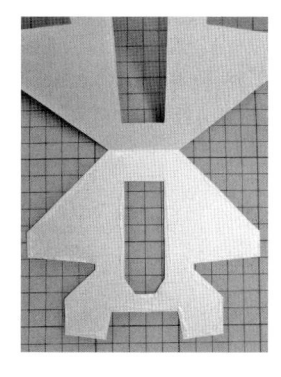

2 下面の縁にボンドを３ミリ幅でつけ、折り返し部にもつけて、翼の両面を接着する。乾くまで重しをのせておく。

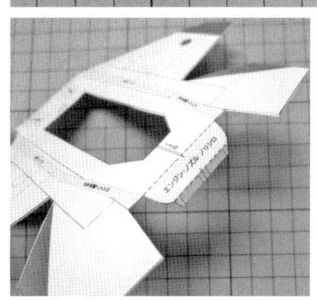

3 乾いたら、後端の「エンジン・ノズル ノリシロ」と「エンジン下部ノリシロ」を山折りしておく。

59

★★★★★★★★★★★★★★★★★★★★★★★★★★★★★★★★★★★★

⑤ 胴体下部

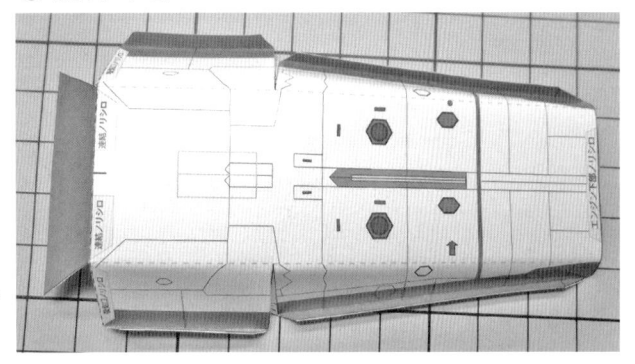

1 まず前後に平行してのびる2本のグレーの山折り線を軽く折って丸みのある形状にする。

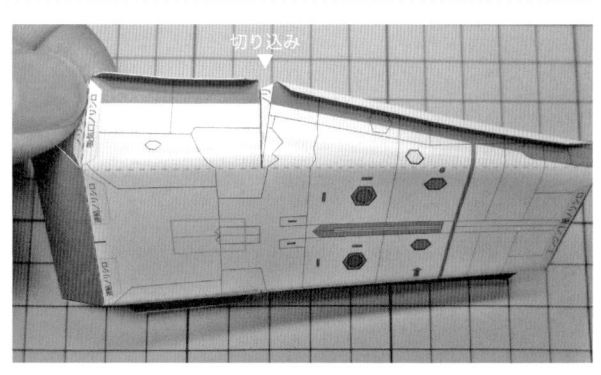

2 前方の「主翼ノリシロ」と両脇のノリシロ（a、b）を山折りし、両サイドの赤地の谷折り線も折っておく。

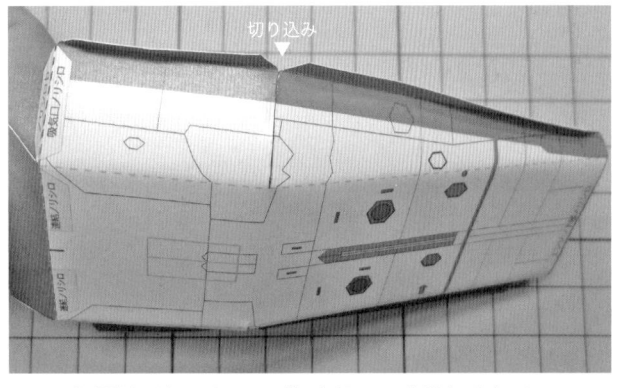

3 両サイドの2つの「切り込み」を貼り合わせる（乾くまで指で押さえておく）。

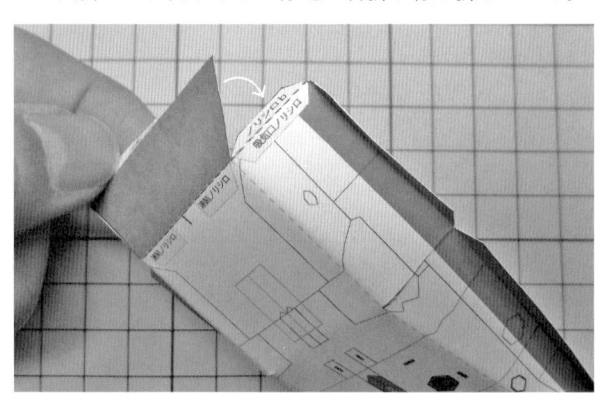

4 ノリシロ（a、b）を前部のグレー地の裏に接着すると、船底のような形状ができる（下の写真参照）。

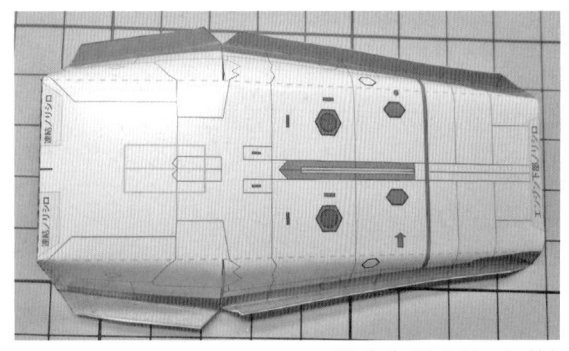

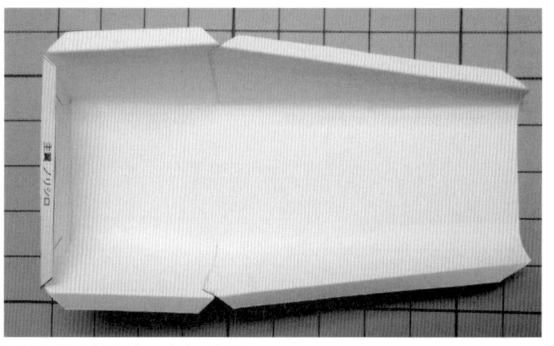

下面にふくらみができ（左）、上から見ると船底のよう（右）

胴体下部～主翼・水平尾翼～キャノピーを接続

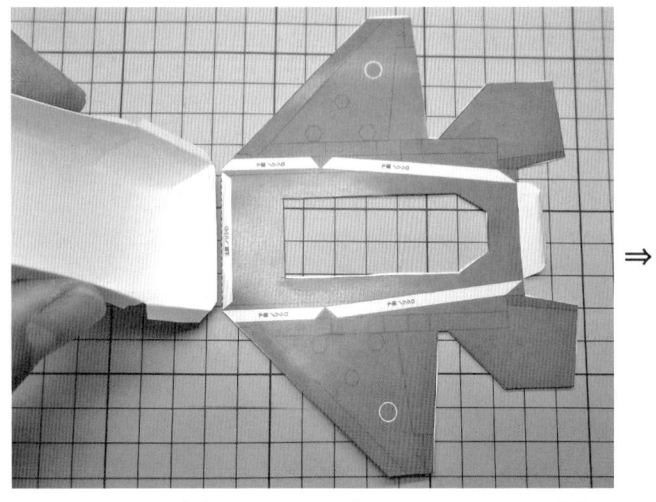

⇒

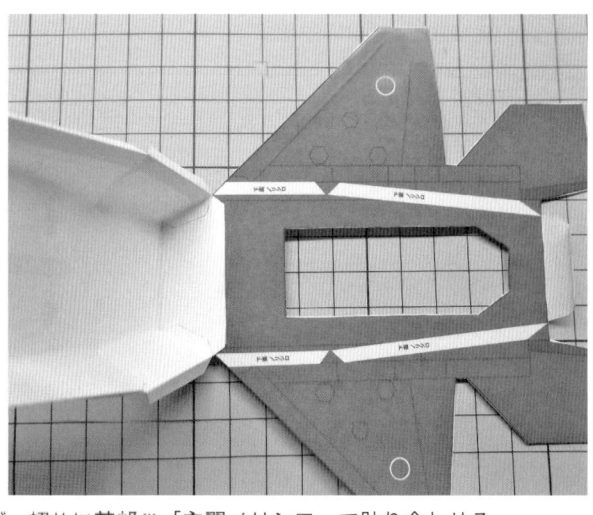

1 まず「胴体下部」と「主翼・水平尾翼」と合体するが、初めに前部の「主翼ノリシロ」で貼り合わせる。

★ ★

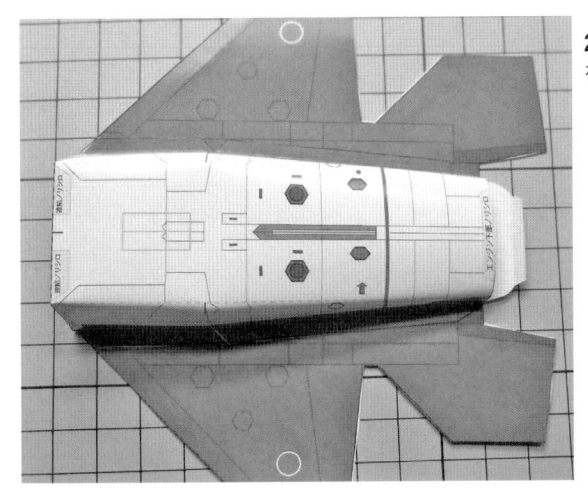

2 次に両サイドの４つの谷折り部を「下面ノリシロ」に接着する。

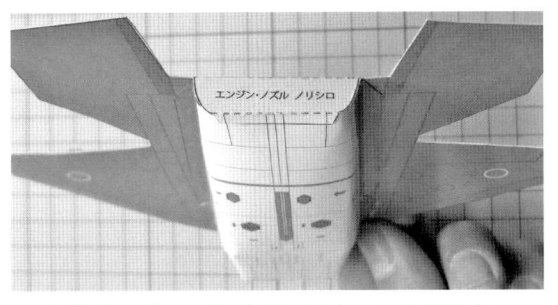

3 後端の「エンジン下部ノリシロ」を胴体内に接着して、「エンジン・ノズル ノリシロ」を作る（キリヌキの穴から丸箸で押さえて）。

 ⇒ 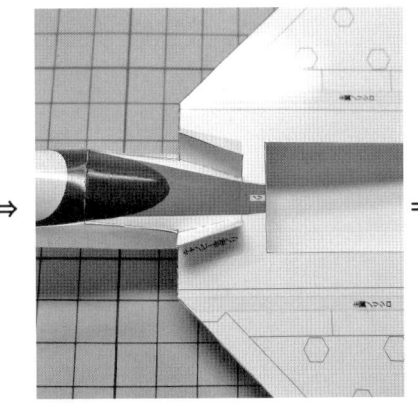 ⇒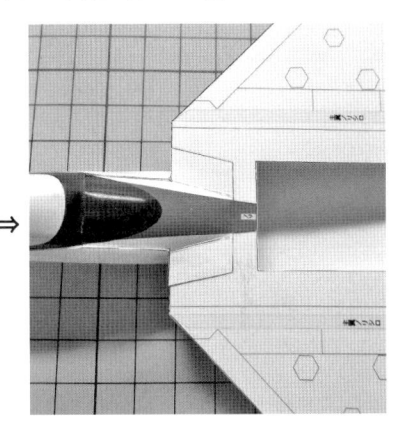

4 キャノピー　後端を主翼上面の「★ノリシロ」に接着して、両サイドの「キャノピー後部ノリシロ」で固定する。

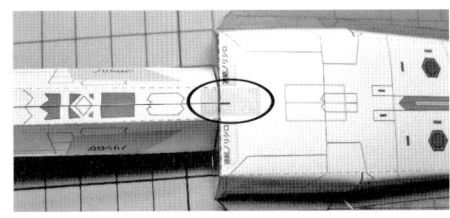

連結部の下面をセロテープで固定すると作業しやすい

⑥ 胴体上部 ·······

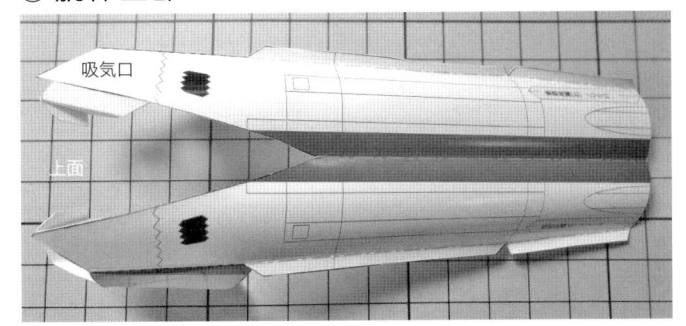

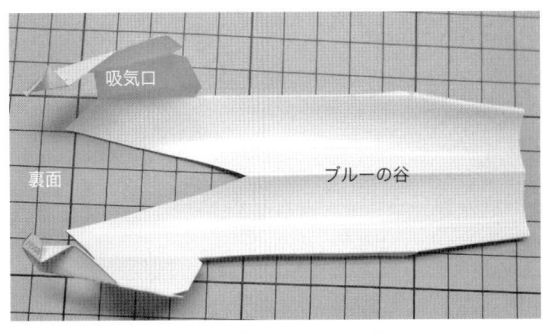

1 まず前方のエンジン・吸気口を作る山折り線と谷折り線を折る。それに続く主翼〜水平尾翼に接着するノリシロの谷折り線を折り、さらにブルーラインの中央の谷折り線（ブルーの谷）も折る。

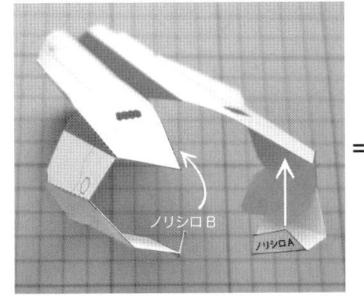 ⇒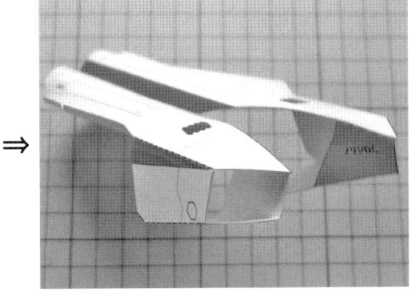

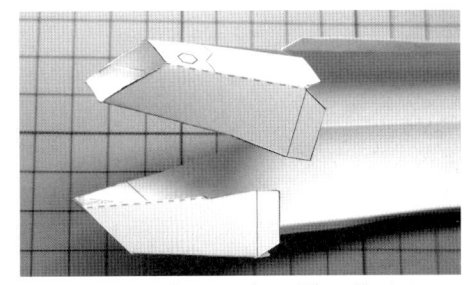

両サイドに四角いエンジンの吸気口ができる

2 「ノリシロＡ」と「ノリシロＢ」を先端の裏側に貼り合わせる。

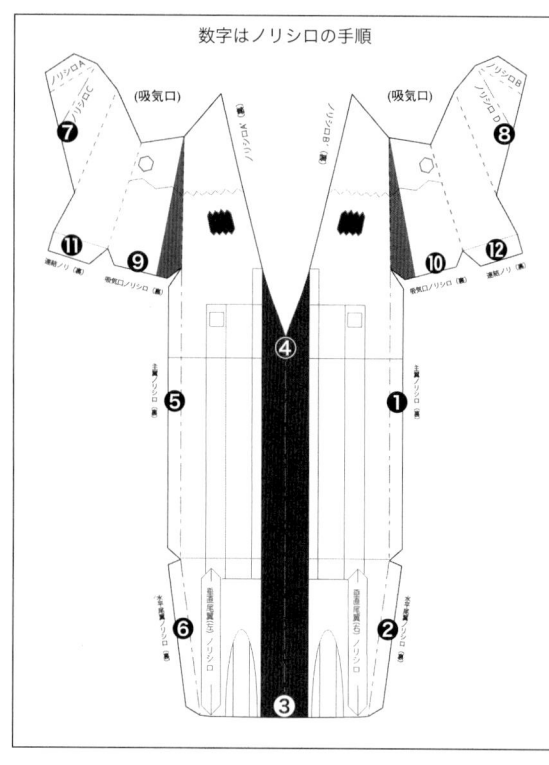

数字はノリシロの手順

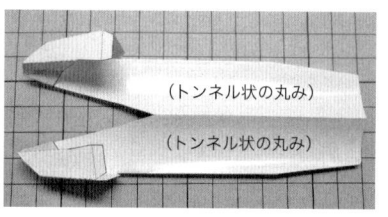

（トンネル状の丸み）

（トンネル状の丸み）

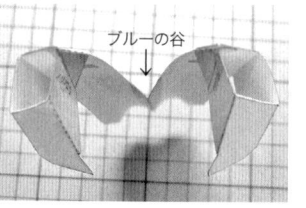

ブルーの谷

3 中央の「ブルーの谷」の両側に、トンネル状の丸みをつけて主翼・水平尾翼の上にかぶせる（接着の手順は右図参照）。

4 まず「❶主翼ノリシロ」と「❷水平尾翼ノリシロ」を接着する。

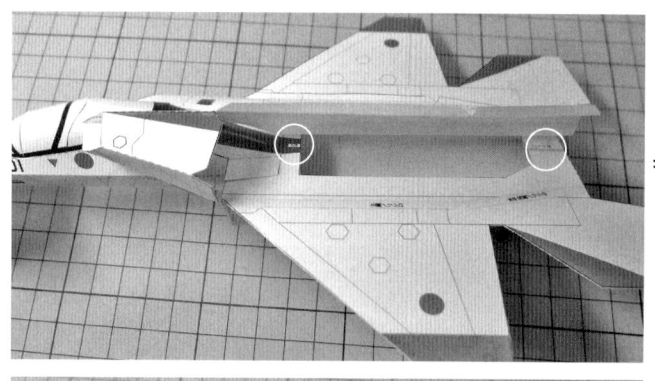

5 「ブルーの谷」の前後をノリ付けするが、先に後端❸の水平尾翼の中間に記された細いノリシロに接着する。乾いたら、前方の小さなノリシロ❹に接着する。

6 反対側の「❺主翼ノリシロ」と「❻水平尾翼ノリシロ」を接着する。

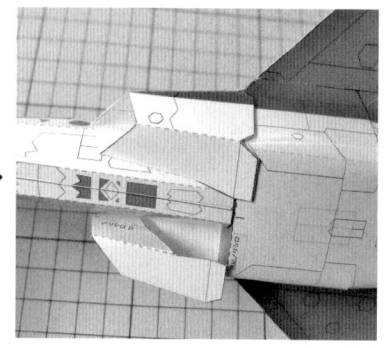

胴体に接着する面は「＞」の形状

7 吸気口の先端「❼ノリシロC」を胴体側部の「ノリシロC'」に接着する。
（反対側の「❽ノリシロD」も同様に）

8 胴体前部と接続したら、「❾吸気口ノリシロ」に接着。赤いラインを一直線に貼り合わせる（反対側❿も同様に）。

9 最後に、下面の「⓫連結ノリシロ」に接着する。（反対側⓬も同様に）。

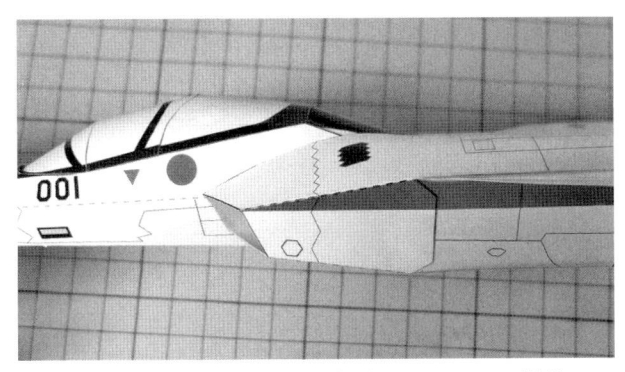

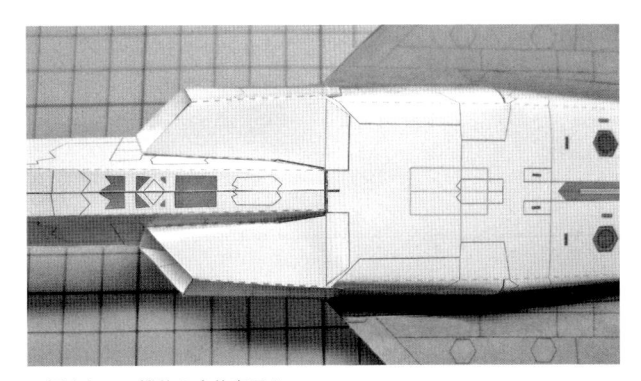

「吸気口ノリシロ」と「連結ノリシロ」で固定して、機体の合体完了！

⑦ エンジン・ノズル ···

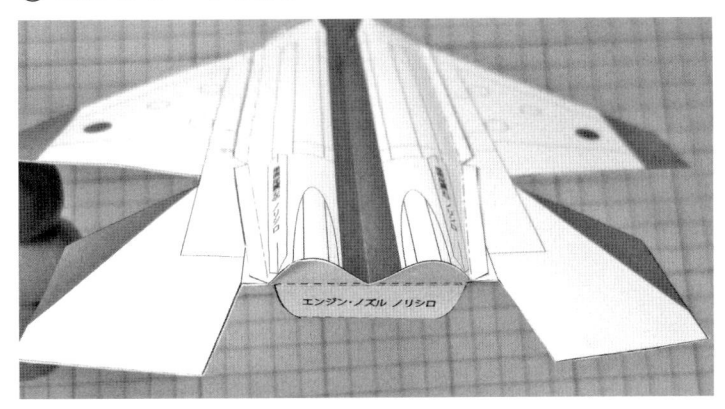

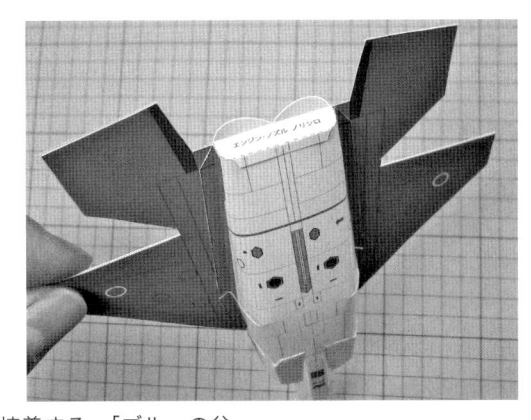

エンジンの後端にノズル（噴射口）を接着する。「ブルーの谷」の両側に盛り上がるトンネル状の穴をふさぐように貼りつける。

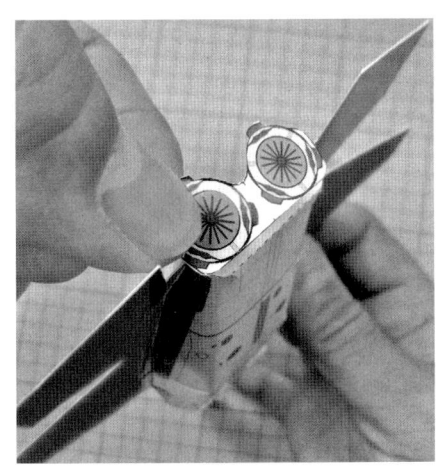

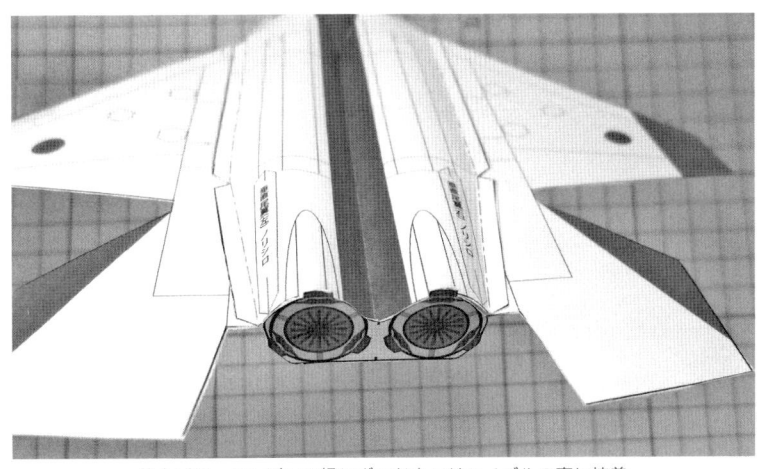

仕上げは、エンジンの縁にボンドをつけてノズルの裏に接着

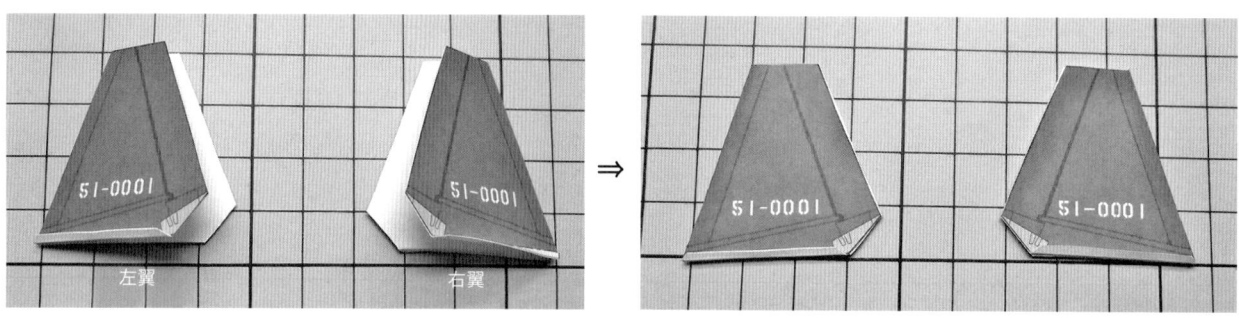

⑧垂直尾翼

1 あらかじめ下辺のノリシロ接着部の谷折り線を折り、センターライン
で折り返す。その折り返し部と縁にボンドをつけて貼り合わせる。

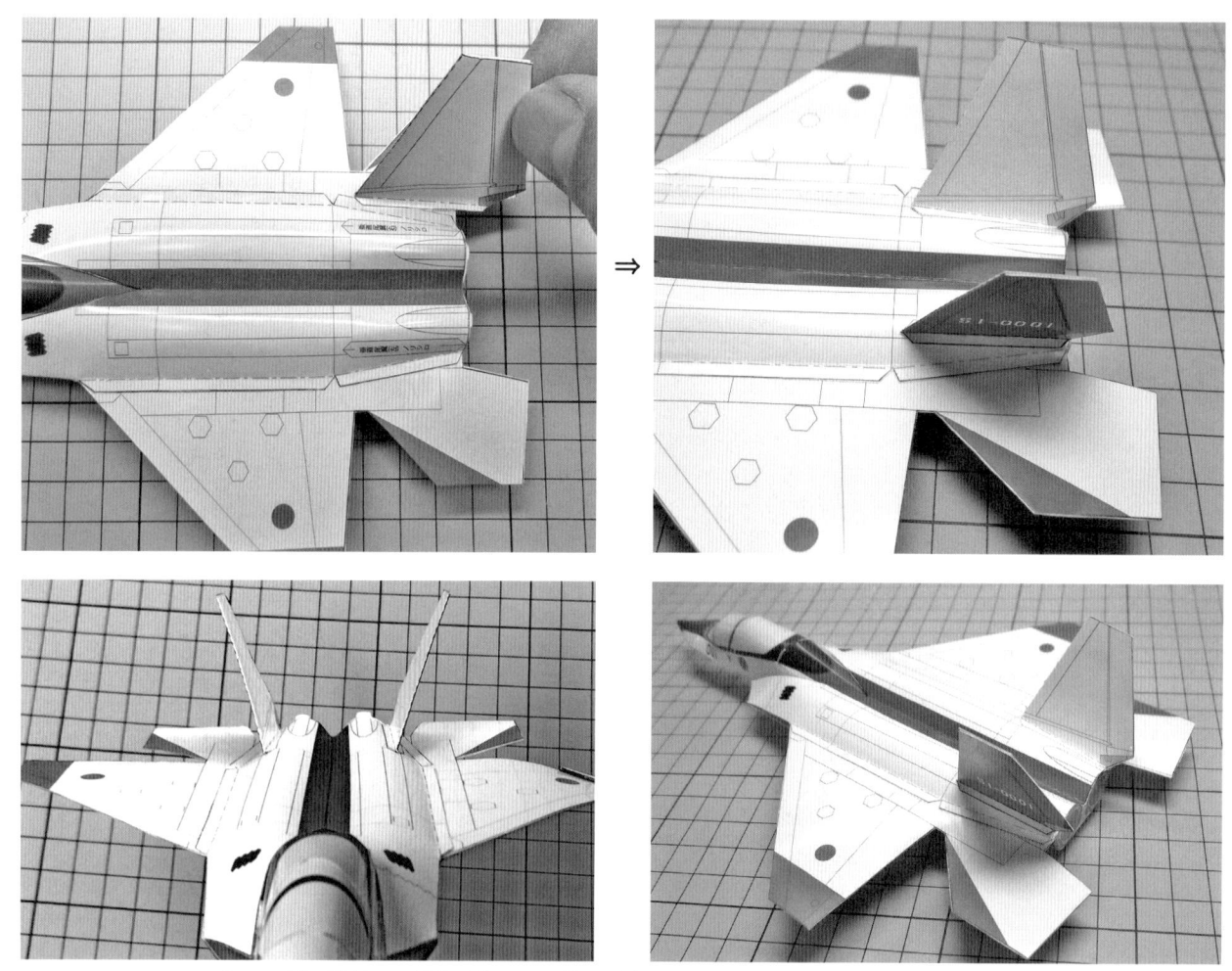

2 エンジン噴射口の両サイドに、2枚の垂直尾翼を約70度の角度で斜めに接着する。

⑨フック & ⑩持ち手

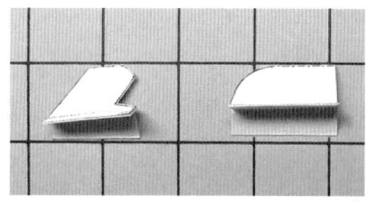

1 センターで山折りし、両サイドを
谷折りして、中央部を貼り合わせる。

2 機首下のフックラインと、
胴体下の持ち手ラインに接着。

上面

下面

零式艦上戦闘機 21型 ～～～～～～～

今から 80 年前の 1939 年 (昭和 14 年)、一機の戦闘機が誕生した。この世界的に注目された初の日本機は、後世に語り継がれるレジェンドとなった。ジブリ映画『風立ちぬ』のラストシーンを飾るその初期型を復元しよう。当時の飛行機はすべてプロペラ機、主翼は真横に伸びる「テーパー翼」で胴体より 3m も長かった。胴体はエンジンを搭載した機首が最も太く、後方になるにつれ細い楕円型になる。その機能美を秘めた勇姿を甦らせてみよう。飛ばすなら、プロペラは付けないほうがいい。

① 機首 A・B

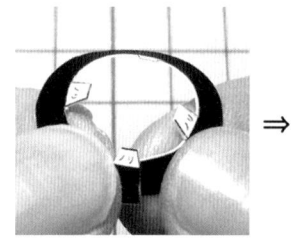  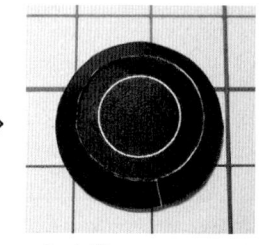 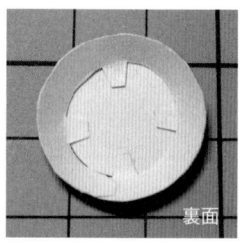

1 エンジンの最前部 A をリング状に丸め、先端のノリシロを貼り合わせる。

2 内側の 4 つのノリシロをわずかに山折りして、円板 B (プロペラ板) に接着する。

② 機首・エンジン部

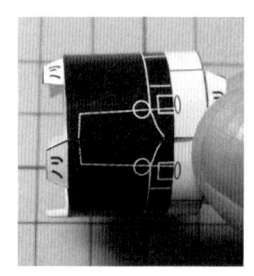 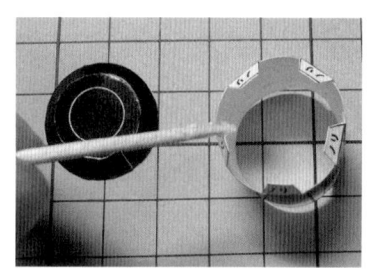 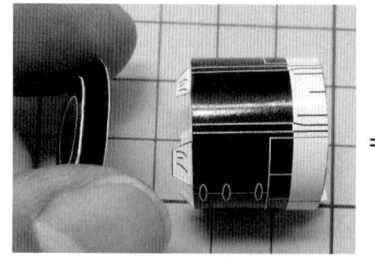

1 5 つ並んだノリシロを軽く山折りして、円筒状に丸める。端のノリシロで接着して王冠のような形にする。

2 先端の 5 つのノリシロに、機首 A・B を接着する。(内側から指で押さえて)

③ 胴体前部

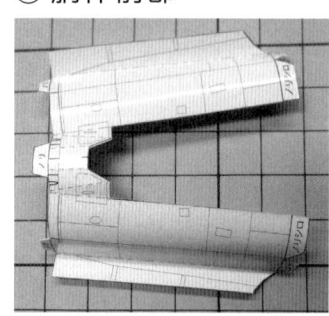 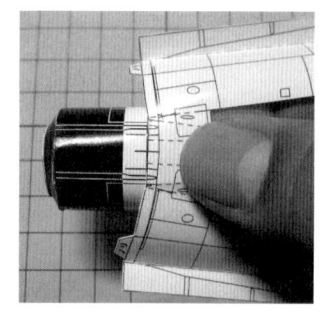 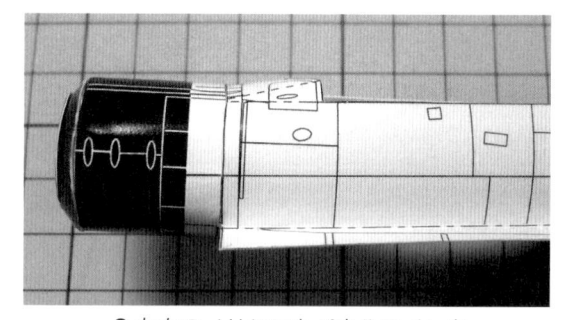

1 主翼を接着する両サイドの谷折り線を折り胴体を丸める。

2 先端中央のノリシロを機首の中心線に合わせて接着する。

3 左右のノリシロもパネルラインを合わせて機首に接着する。

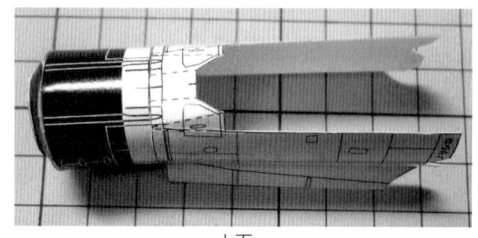

上面

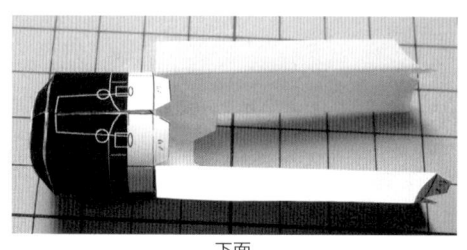

下面

〜〜〜〜〜〜〜〜〜〜〜〜〜〜〜〜〜〜〜〜〜〜〜〜〜〜〜〜〜

④ 機首のおもり

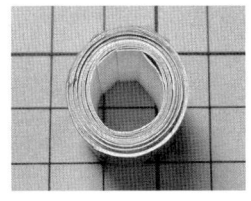

1 おもりを重ねて巻き、機首に収まるサイズにしてセロテープでとめる。

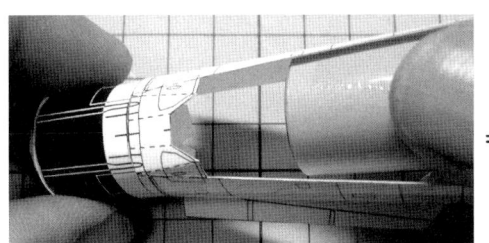

2 機首の先におもりを詰めて、下部にボンドで接着する。

⑤ キャノピー

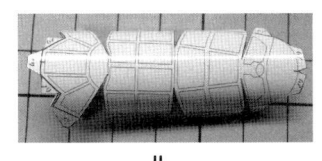

⇓

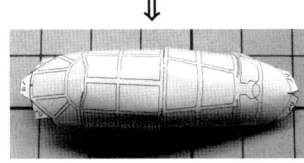

1 キャノピーの切り込みをセロテープで隙間なくつなぐ。

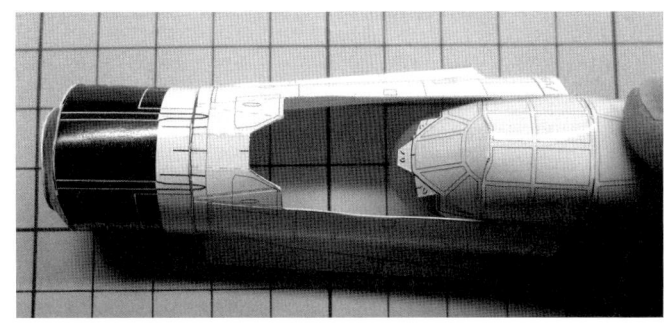

2 先端の3つのノリシロを胴体フレームに合わせて接着する。

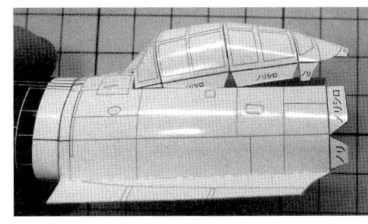  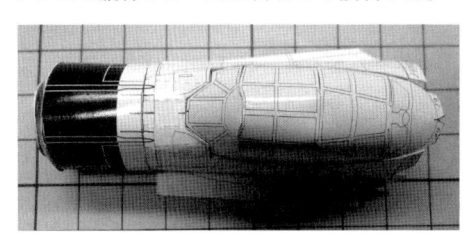

3 先端のノリが乾いたら、後方のノリシロを片側ずつ貼りつける。

⑥ 胴体後部

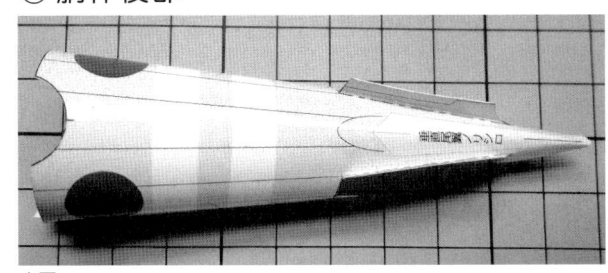 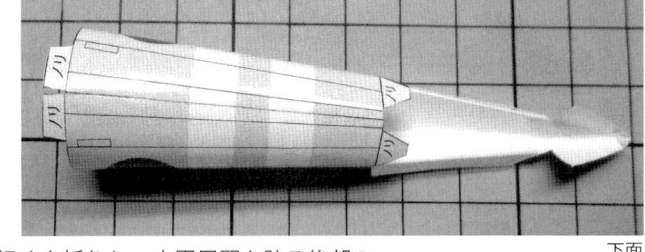

上面　　　　　　　　　　　　　　　　　　　　　　　　　下面

1 サイドの2つの長いノリシロを軽く山折りし、水平尾翼を貼る後部の両サイドを谷折りして胴体を丸める。胴体の後端は下方へ折り曲げる。

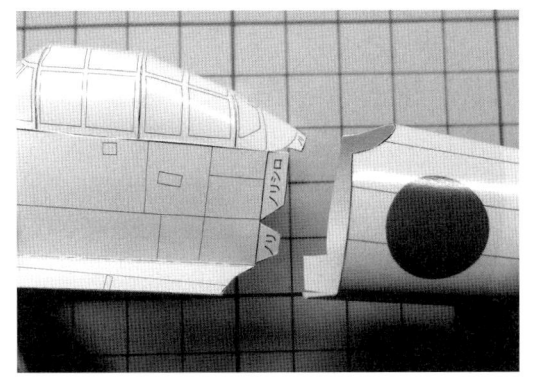 ⇒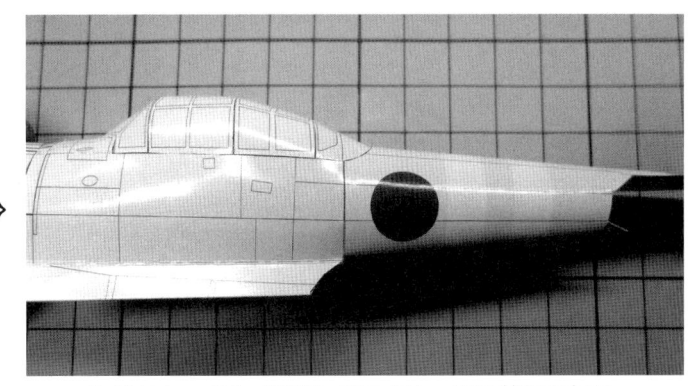

2 まず下部のノリシロ2つで胴体前部に連結する。

3 次にキャノピー後部のノリシロと、胴体前部の左右のノリシロで合体する（パネルラインを合わせて）。

⑦ 主翼

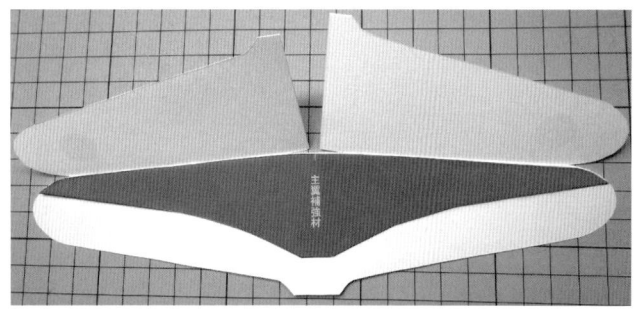
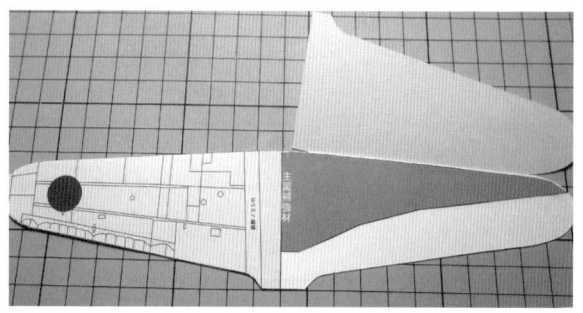

1 下面に「主翼補強材」を貼るときは、前方の縁に3ミリ幅でボンドをつけて接着する。

2 上面の縁と折り返し部にボンドをつけて、片翼ずつ貼り合わせ、重しをのせておく。

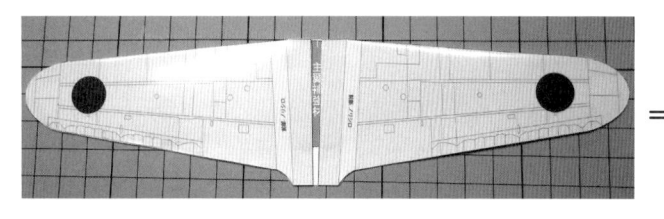
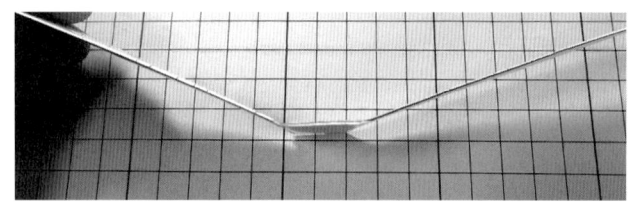
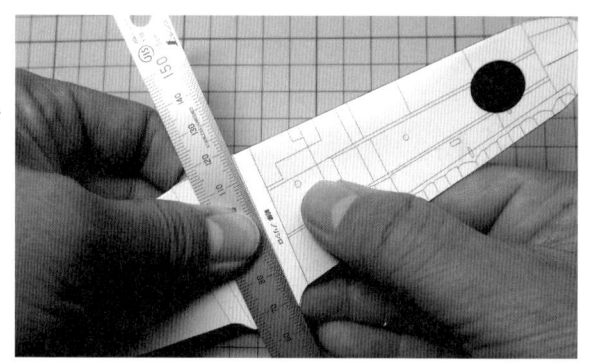

3 乾いたら、「前部ノリシロ」の内側のラインに定規を当てて、10度くらいの「上反角」をつけよう。

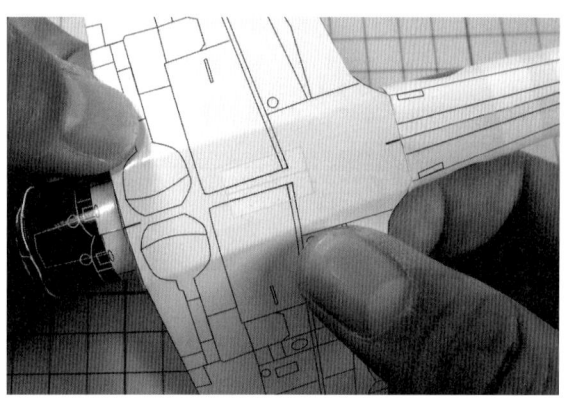
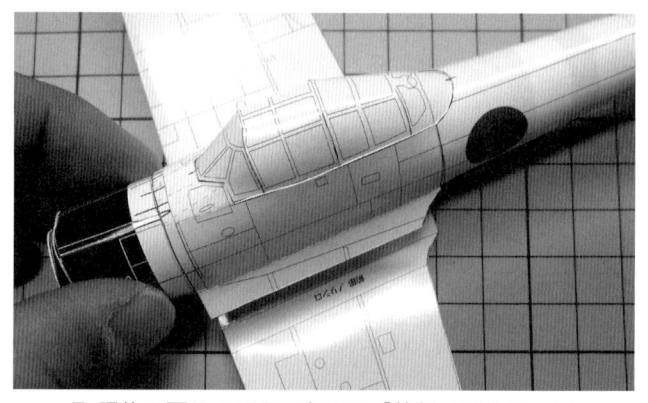

4 「上反角」をつけたら胴体下面に接着する。まず前後2つのノリシロでセンターを合わせて貼りつける。

5 胴体の両サイドを、主翼の「前部ノリシロ」にぴったり合わせて、片翼ずつ丁寧に接着する。

⑧ 水平尾翼

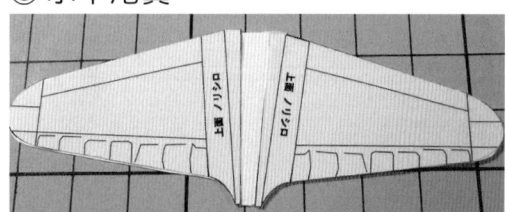

1 センターで折り返し、上面と下面を重ね、縁と折り返しにボンドをつけて貼り合わせる。

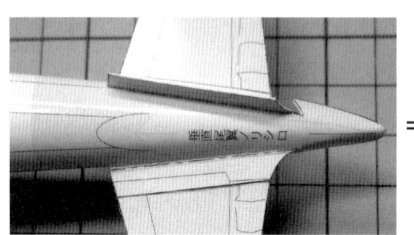
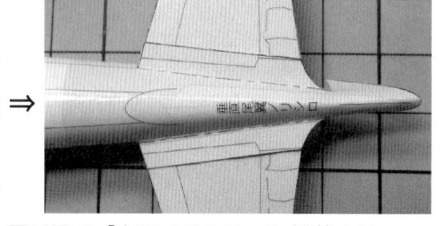
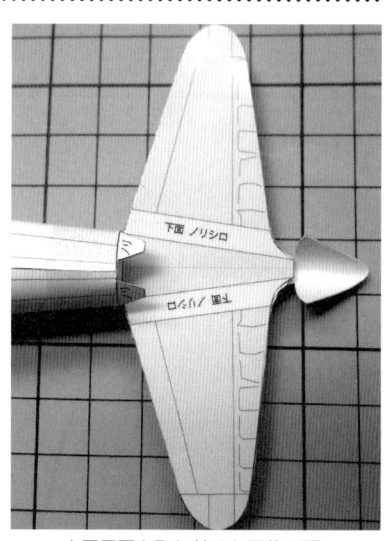

2 胴体後部の両サイドの谷折りを、水平尾翼の「上面ノリシロ」に接着する。

水平尾翼を取り付けた胴体下面

⑨ 胴体尾部

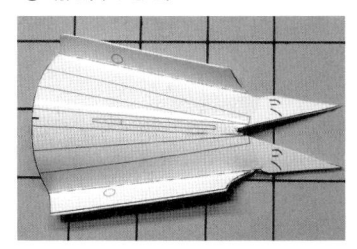
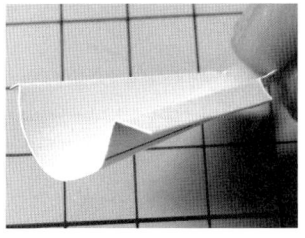

1 両サイドの谷折り線を折り、中央部を丸める。

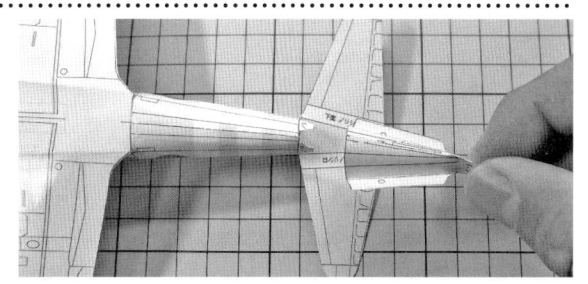

2 胴体後部のノリシロと尾翼の「下面ノリシロ」に接着。

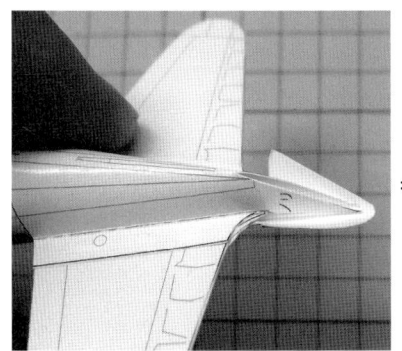

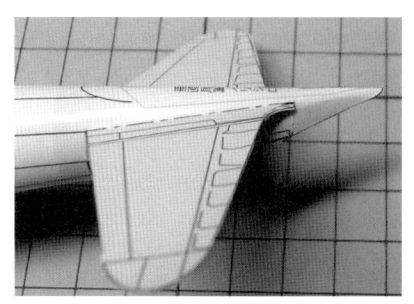

下面

3 尖った三角形のノリシロを、胴体の後端で挟むように接着する。

組み立てた胴体尾部の上面

⑩ 垂直尾翼

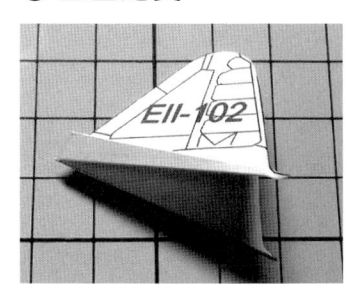

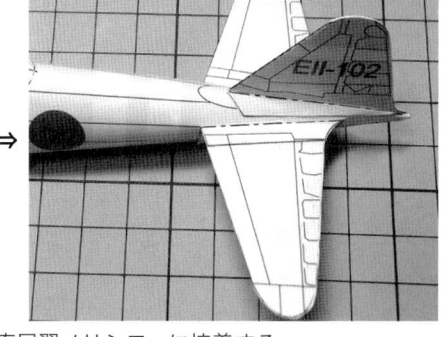

1 下部の谷折り線を折ってから
センターで山折りし、縁にボン
ドをつけて貼り合わせる。

2 乾いたら、胴体後部の「垂直尾翼ノリシロ」に接着する。

（注意：飛ばすならプロペラより先に「フック」と「持ち手」を取り付けよう）

⑪ フック＆⑫ 持ち手

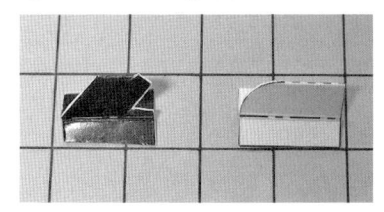
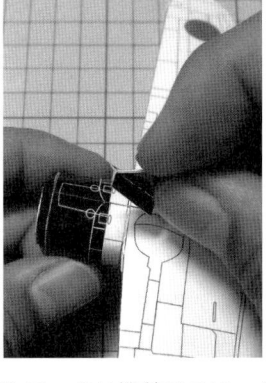
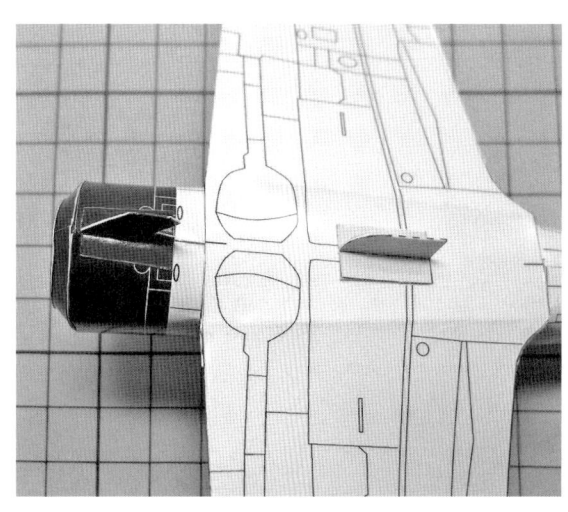

1 どちらもセンターで山折りし、
両サイドを谷折りして、中央部を
貼り合わせる。

2 フックは機首下のフック
ラインに、持ち手は胴体下
面の持ち手ラインに接着。

⑬プロペラ

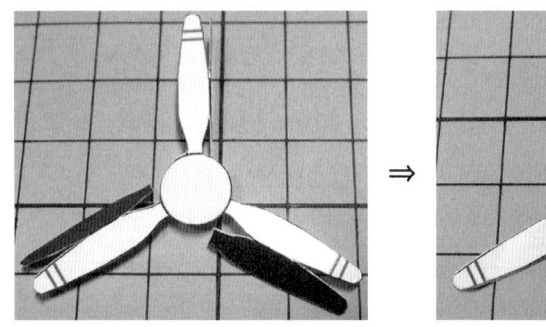 

1 表面と裏面をきれいに貼り合わせる。

裏面

⑭ スピナー

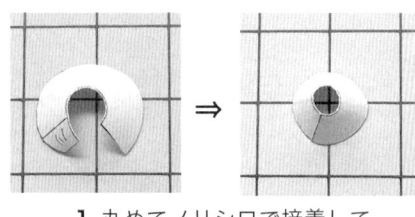 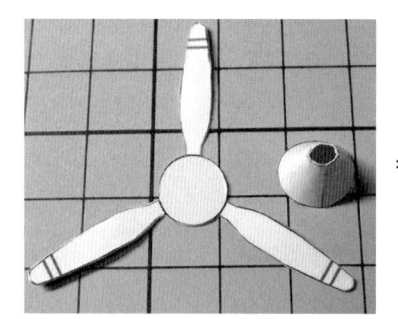 

1 丸めてノリシロで接着して円錐形にする。

2 プロペラの中心円の輪郭に貼りつける。

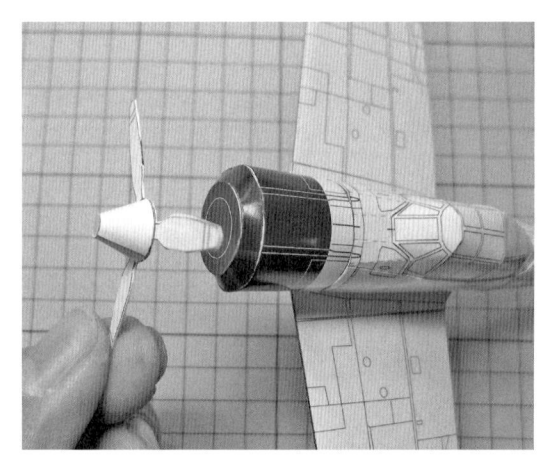 

3 機首先端の中心円（白ライン）に合わせてプロペラを接着する。

70

上面

下面

T-4

公園やスポーツ広場などで、周囲に
人のいないことを確かめて飛ばそう

天気のいい日は外に出て……
利き手で紙ヒコーキを持って、
ゴム・カタパルトで飛ばそう！

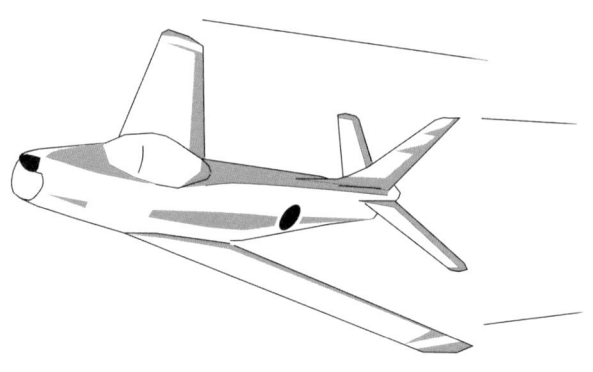

飛ばし方 & テスト飛行

機体が完成したら、まず室内で飛行テストをしてみよう。
うまく組み立てたかどうか、テスト飛行でチェックする。
紙ヒコーキの胴体や翼が曲がっていないかよく確かめて、
格納庫から屋外へ引き出そう。

 # 機体のチェック

飛ばす前に機体を点検しておこう。とくに翼が曲がっていると飛行に支障をきたし、せっかく作った紙ヒコーキが墜落して破損することもある。

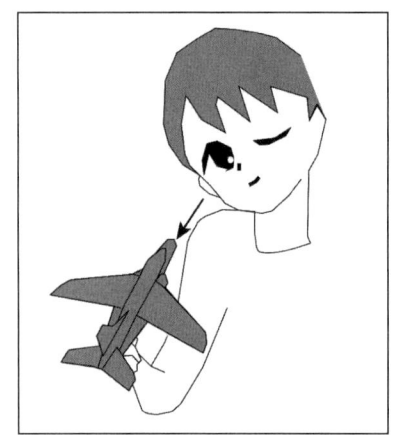

　紙ヒコーキが完成しても、ノリ（ボンド）が乾くまで30分くらいは待とう。胴体が曲がっていないか、ノリが剥がれていないか各部を点検したら、飛行に大きな影響を与える翼をチェックする。主翼の曲がりは、「持ち手」を持って正面から片目をつむって見るとよく分かる。主翼が一直線に見える角度で確認しよう。

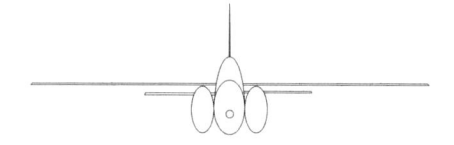

チェック 1

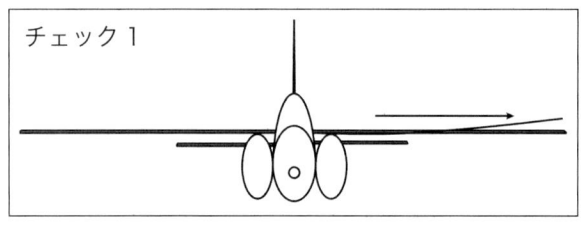

　主翼が胴体の付け根から先端までまっすぐ伸びているか？　もし曲がっていたら、折り目をつけずに真っ直ぐになるように調整する。

チェック 2

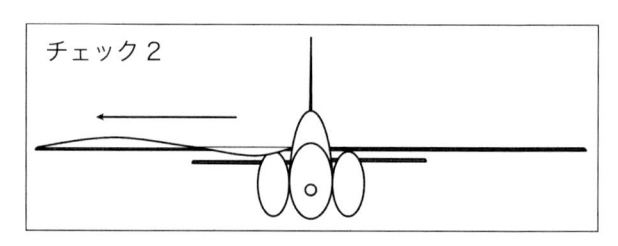

　翼がねじれていたり、波打っていたら、指先で修正する。翼の全面が平らになるように、上面と下面のねじれを修整しよう。

チェック 3

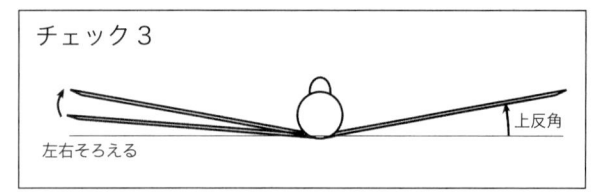

　主翼の「上反角」が左右対称か？　紙ヒコーキが滑空するとき、翼が上向きの角度を持っていると、機体の傾きを元に戻す作用が働く。この角度を上反角という。F-86F セイバーとゼロ戦には 10 度〜 15 度の上反角をつける。その角度が正面から見て左右対称であることを確認する。

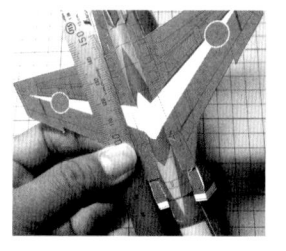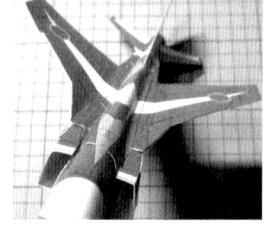

　近代のジェット機の主翼には上反角は見られない。T-2 や T-4 の実機にも上反角はついてないが、紙ヒコーキは上の写真のように少し上反角をつけたほうがよく飛んでくれる。

チェック 4

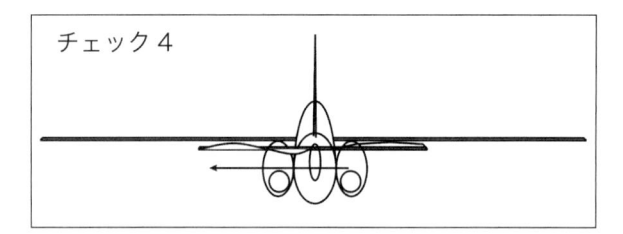

　水平尾翼も「持ち手」を持って、後方から片目をつむって曲がっていないかチェックする。もし曲がっていたら、折り目をつけないように一直線にする。もう一つ大事なポイントは、主翼と平行になっていることを確認しよう。

チェック 5

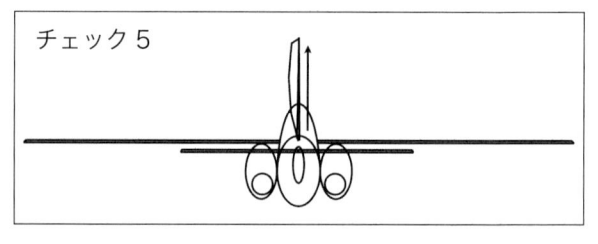

　垂直尾翼がまっすぐに立っているかどうか、ねじれていないかチェックする。主翼に対して"垂直"に立っていることを確かめながら、主翼の曲がりも併せて調整しよう。
　（X-2 の垂直尾翼 2 枚は約 70 度の角度で立つ）

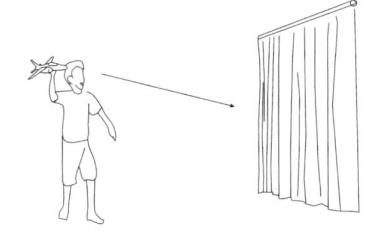 テスト飛行

翼を調整したらテスト飛行をしてみよう。屋外で飛ばす前に室内でテストする。「持ち手」を持ってカーテンに向かい、斜め下へ押し出すように投げて飛行スタイルをチェックする。その飛び方を見て、主翼と尾翼を調整する。

【手投げチェックA】

○ 真っ直ぐに飛ぶ→ OK

✕ 左右に曲がって飛ぶ
- 上反角が左右等しいか？→チェック3
- 水平尾翼が水平か？→チェック4
- 垂直尾翼がねじれていないか？→チェック5

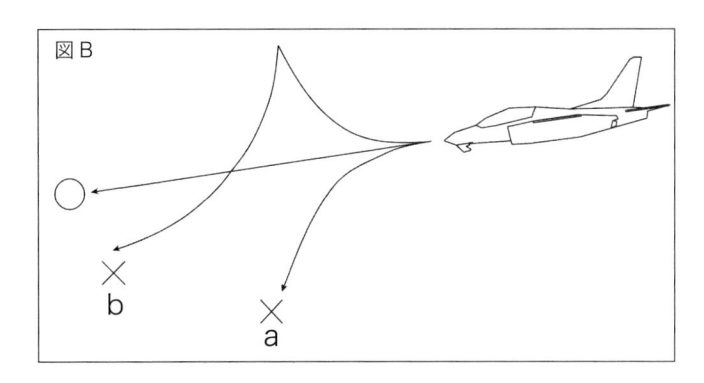

図A

【手投げチェックB】

○ 真っ直ぐに飛ぶ→ OK

a) 頭からストンと落下する→水平尾翼の後ろ側を少し曲げ上げる。

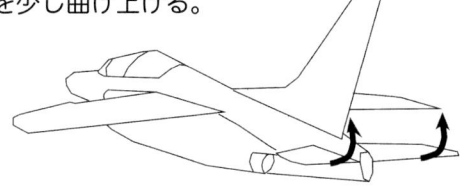

図B

b) 機首を上げて上昇し、失速してストンと落下する→水平尾翼の後ろ側を少し曲げ下げる。

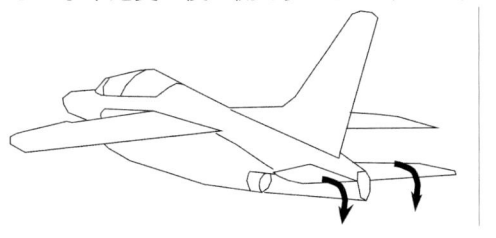

【ゴム・カタパルトの作り方】

紙ヒコーキを屋外で飛ばすために、爪楊枝3本と輪ゴム2本を用意して、ゴム・カタパルトを作ろう。まず爪楊枝3本を俵状に束ねて、ボンドで接着する。（丸箸で作るなら、爪楊枝のような溝をつけて輪ゴムを巻きつける）

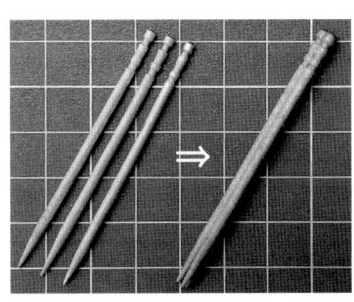

手投げチェックをしたら、屋外用の「ゴム・カタパルト」で……

利き手で紙ヒコーキを持ち、カタパルトのゴムをフックにかける。カーテンに向けて飛ばし、まっすぐ飛べば合格！

輪ゴムを結んでカタパルト完成

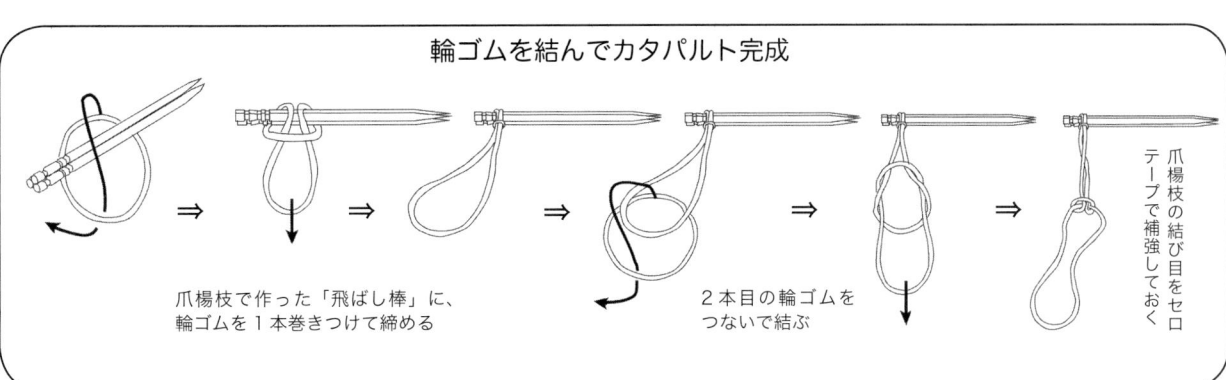

爪楊枝で作った「飛ばし棒」に、輪ゴムを1本巻きつけて締める

2本目の輪ゴムをつないで結ぶ

爪楊枝の結び目をセロテープで補強しておく

屋外で飛ばす

カタパルトを使って屋外で飛ばしてみよう。障害物がなく、周囲に人がいないことを確認して発射しよう。

●場所：公園や広場の「芝生」の上……芝生は着陸した時に衝撃をやわらげてくれる。ただし、朝露が降りて芝生が濡れていたらは中止する（紙ヒコーキは水分に弱い！）。

●コンディション：天気の良い日、風のない時……微風の時でも風向きをチェックしよう。追い風、向かい風、横風によって飛行に影響を受ける。(室内のエアコン風にも左右される)。

【手投げ飛行】

「持ち手」を持って、水平にして構えて飛ばしてみる。まっすぐ飛ぶようなら、やや上に向けて投げてみよう。調整が上手くできていれば、きれいに滑空してくれる。慣れてくれば、力の入れ加減と翼の調整で旋回飛行も楽しめる。

【カタパルト飛行】

　カタパルトは初速が速いので、発射角を高くしすぎると急旋回して地面に激突することもある。またゴムを強く引きすぎると、発射時の衝撃でフックなど壊れやすくなるので、やわらかく飛ばそう。「ループ上昇法」と「旋回上昇法」がある。

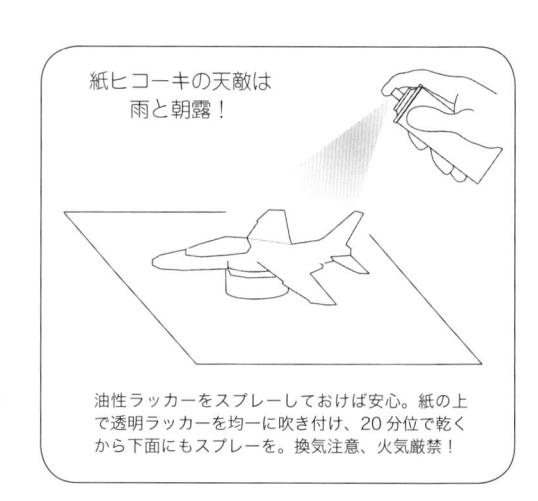

紙ヒコーキの天敵は雨と朝露！

油性ラッカーをスプレーしておけば安心。紙の上で透明ラッカーを均一に吹き付け、20分位で乾くから下面にもスプレーを。換気注意、火気厳禁！

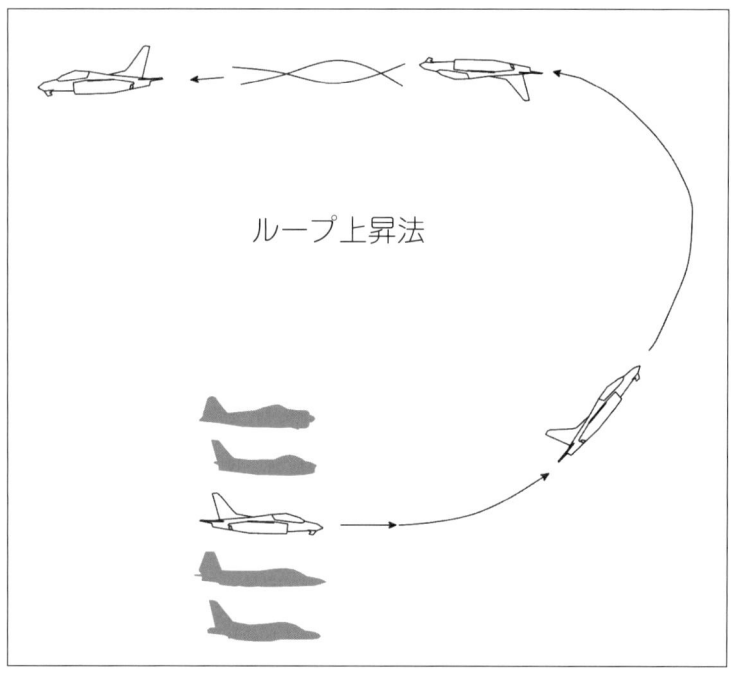

ループ上昇法

F-86 セイバー、X-2、T-4、ゼロ戦はループ上昇で飛ばそう。機体を水平に発射しても、揚力によって宙返り状に上昇し、最高点から滑空に入る。

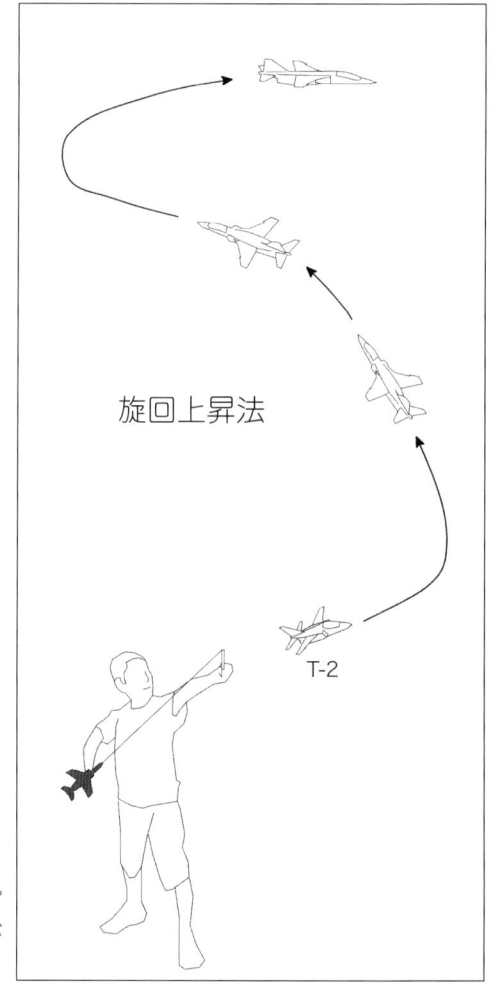

旋回上昇法

T-2

T-2 は旋回上昇で飛ばそう。45度上方に向けて発射する。その際、機体も斜め45°〜60°にして打ち出す。機体は旋回しながら上昇し、最高点から滑空に入る。

各機の飛ばし方

★ F-86F セイバー

　流線形の機体と大きな翼をもつ F-86 は、紙ヒコーキに向いた形状をしている。低翼（胴体下部の主翼）なので、上反角をやや大きく 15 度くらいつけてみよう（実機は上反角なし）。それにより機体の傾きによる墜落が少なくなる。また、主翼に「キャンバー（ゆるやかな丸み）」をつけると、揚力が増して安定した滑空が得られるだろう。ゼロ戦にもキャンバーをつけると有効だ（右図参照）。

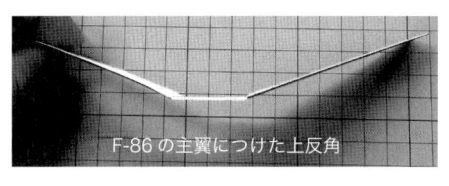

F-86 の主翼につけた上反角

主翼にキャンバーを

★ T-2

　細長いスリムな機体に、ヒレのような小さな主翼をつけた T - 2 は、トビウオのような格好をしている。この紙ヒコーキをカタパルトで発射すると、まさにトビウオのように一直線に飛んでくれる。高速で飛行するので人のいる方に向けて発射しないこと！ 安全のため機首に防護スポンジを装着してもいい。また、安定した滑空を求めるため、主翼に 5 度〜 8 度の上反角をつけて飛ばしてみるのもいいだろう。

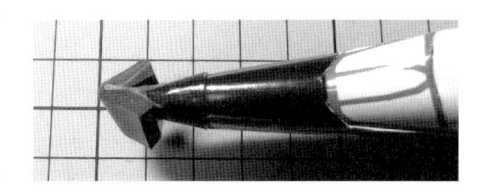

T-2 の機首に「防音隙間テープ」のスポンジを装着。墜落時の破損も防止

★ T-4

　胴体の両サイドにエンジンが配されて、大きめの垂直尾翼と高翼（胴体上部の主翼）をもつ T4 は、紙ヒコーキとしては飛ばしにくい形をしている。そこで安定して飛ばすために、主翼に 5 度〜 10 度の上反角を持たせよう（実機にはない）。さらに主翼にキャンバーをつければ、より安定した飛行が得られるだろう。本書の紙ヒコーキは重心をやや後方に設計したので、水平に打ち出せば機首が持ち上がってループ上昇するだろう。ただし、上に向けすぎると、一回転して地面に衝突する恐れがあるので要注意。

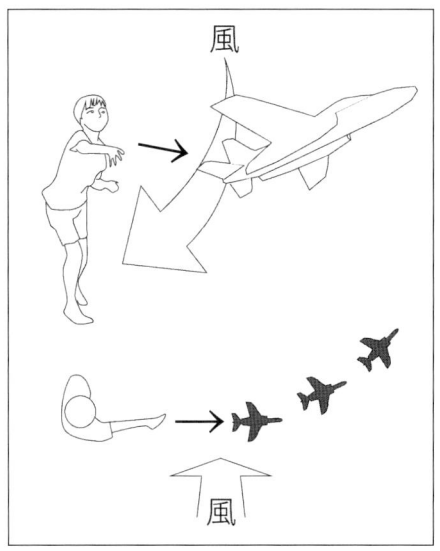

風がある時は、風向きに対して 90 度で打ち出し、風下へ向けて滑空させる

★ X-2

　このステルス型ジェット機は、2 枚の垂直尾翼など風の抵抗を受けやすい形状をしているので、カタパルトで勢いよく飛ばそうとしてもスピードが出ない。しかし幅広の胴体からも揚力を得られるので、わりに滑空しやすい機体といえよう。翼は水平の状態のまま飛ばそう。X-2 はカタパルト発射よりも、折り紙ヒコーキのように手投げで飛ばす方が楽しめそうだ。

★ゼロ戦

　ジェット・エンジンのない時代のプロペラ機「ゼロ戦」は、主翼が長く大きいため、紙ヒコーキに適した滑空しやすい機種といえよう。F-86 セイバーと同じく低翼の主翼には 10 度〜 15 度くらいの上反角をつけてもいいだろう。
　さらに、主翼の長いゼロ戦にもキャンバーをつけると揚力が生じて滑空しやすくなるので試してみよう。

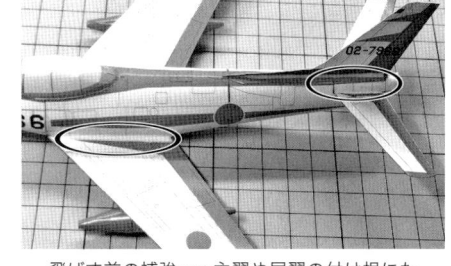

飛ばす前の補強……主翼や尾翼の付け根にたっぷりボンドをつけておく（乾けば透明になる）

紙ヒコーキに乗って

　紙ヒコーキとの出会いは今から十数年前、戸田拓夫さんの本『よく飛ぶ立体折り紙ヒコーキ』（二見書房）でした。当時小学生の息子と一緒に、四苦八苦して〈スーパーシャトルⅡ型〉を折ったことを覚えています。その息子は、夏休みに大きなボール紙を入手して全長1mの特大スーパーシャトルを折り、自由研究として提出しました。そして戸田さんに会うために、息子と広島（福山市）へ旅したこともあります。

　次の出会いは、アンドリュー・デュアーさんの『本物そっくり！ 紙飛行機』（二見書房）でした。この本で私は、立体型の切り紙ヒコーキの世界に引き込まれました。デュアーさんの紙ヒコーキの本をすべて入手し、息子たちに作ってやると言いながら自分で作っては飛ばしていました。

　そんな折、自宅の近所に引っ越してきた外国人がそのデュアーさんであると知り、勇気を出してお宅に伺いました。当時、福島にある大学の先生であったデュアーさんは 、「福島紙飛行機クラブ」の会長でもあったので、それをご縁に子連れでクラブの月例会に参加するようになりました。そのクラブは日曜の午前中、デュアー先生の型紙に各自がデザインを描いてみんなで飛ばすというものでした。あるとき、メンバーが設計した紙ヒコーキを作ろうという機会があり、あれこれ試作して提出した「ホンダジェット」が私の自作1号機となりました。それをメンバーたちに作ってもらっている時間は、冷や汗のかき通しでした。

　そもそも息子と遊ぶために始めた紙ヒコーキ、それがいつしか子供そっちのけで……ミイラとりがミイラになっていました。

　2006年から「紙飛行機とばそ！」のwebサイトを開設し、管理人Ojimakとして、ジェット機を主に型紙の無料公開を始めました。すると思わぬ反響があり、海外からの問合せもあるなど紙ヒコーキの世界の広さと奥深さを実感しました。（現在80余機のモデルを公開中）。

　東日本大震災の後、しばらく無為の時を過ごしているときでした。TBSのTVドラマ『空飛ぶ広報室』を観て感動し、航空自衛隊の広報室にお役に立てるならご自由にお使いくださいとドラマに登場する主要機の紙ヒコーキ・データを無償で提供しました。これに目をとめて紙ヒコーキを作られた航空ファンのなかに、まさか二見書房の社員がおられたとは……。

　そのご縁で初めて本を出すことになりましたが、本書では幅広いブルーインパルス・ファンに楽しんでもらうため、部品とノリシロを極力減らすことにしました。最初はボンドを使わずセロテープだけで作ることも考えましたが、見栄えが良くないので断念。唯一キャノピーには適していたので採用しました。そんな試行錯誤を重ねるうち、机の上にギネス世界記録級といっていいほどの「試作の山」を築いていました（おそらく二見書房の机上でも）。

　初めての人でも作れるように心がけました。親子で一緒に作って、飛ばしてもらえたらとも願っています。

　本書を作るにあたり、紙ヒコーキのお師匠デュアーさんには「絵物語」を寄稿いただき、弟子の紙ヒコーキをテスト飛行しながら特撮してもらうなどのお世話になり、感謝の意を表します。

　また、防衛省 航空幕僚監部 広報室では本書の企画にご協力いただき、貴重な写真資料を拝借しました。防衛装備庁からも写真を提供いただきました。この場を借りてお礼申し上げます。

　そして、二見書房・紙ヒコーキ部の工場長浜崎さんと生産ライン部の大嶋さんには、100機を超える試作機にお付きあい頂きました。おかげで、なんとか全機を離陸させることができ、心からお礼を申し上げます。

著者：小島貢一（おじまこういち）

1960 年 福島県伊達市生まれ。1984 年 山形大学・大学院工学研究科を修了後、繊維会社に入社。高分子化合物の開発、医薬品製造の品質管理に従事する。
45 歳のとき、子供と一緒に遊ぶために始めた紙ヒコーキ作りが面白くなり、趣味が高じて「紙飛行機とばそ！」のサイトを立ち上げる。
東日本大震災後、「電気工事士」の資格を取得して電設会社に転職するが、自作の紙ヒコーキは変わることなく飛びつづけている。
航空自衛隊の広報室に紙ヒコーキの型紙データを無償提供したり、サイトが Yahoo ニュースや『週刊アスキー』などの雑誌に紹介されたり、ラジオ（文化放送）のトーク番組にも出演。また「北九州航空祭」(2016 年〜) では紙ヒコーキの型紙を無償提供するなどの活動を続けている。 福島県伊達市在住。

●「紙飛行機とばそ！」管理人 Ojimak
http://ojimak01.ehoh.net/index.html

かつて紙ヒコーキ少年だった息子が T-2 を飛ばす

〔写真提供〕

●防衛省 航空幕僚監部 広報室：p6 上、p7 下、p8 上 2 点、p9 上 2 点、p10 下、p11 上、p12 上下、p13 下、p14 上下、p15、p26 上 2 点、オビ表 1

●防衛装備庁：p27

●R・Ohshima：p6 下、p7 上、p8 下、p9 下 2 点、p10 上 3 点、p11 中、p25 下

●A・Dewar：p23、p72 〜 p73

●加藤芳浩：p1、p13 上、p16、p26 下

●アフロ：p14 中（ロイター）、p28（近現代 PL）

●小島貢一：p4 〜 p5（ジオラマ・フォト）、工作写真 & イラスト図版

｜紙｜ヒ｜コ｜ー｜キ｜シ｜リ｜ー｜ズ｜

飛べとべ、紙ヒコーキ

戸田拓夫＝著

よく飛ぶ立体
折り紙ヒコーキ

戸田拓夫＝著

よく飛ぶ！
折り紙・切り紙ヒコーキ

戸田拓夫／
アンドリュー・デュアー＝著

ブルーインパルスを作^{つく}って飛^とばそう！

［著　者］ 小島貢一^{おじまこういち}

［発行所］ 株式会社 二見書房
　　　　　東京都千代田区神田三崎町 2 － 18 － 11
　　　　　電話　03（3515）2311［営業］
　　　　　　　　03（3515）2313［編集］
　　　　　振替　00170 － 4 － 2639

［印　刷］ 株式会社 堀内印刷所

［製　本］ 株式会社 村上製本所

© Kouichi Ojima 2019, Printed in Japan.
ISBN978-4-576-19178-2
https://www.futami.co.jp/

クラフト・シート

- 紙ヒコーキ **6機** のパーツ（部品）が収録してあります。
- シートは「**キリトリ線**」で切りはなします。

  ページをしっかり開いて、カッターと定規を使って

  1機 ずつ切り取ってください。
- どの紙ヒコーキも「**機首**」の方から作り始め、

  パーツ番号は工作の手順を示しています。

  1つずつ丁寧に切り抜いて作りましょう。
- ブルーインパルスの歴史をたどり、

  初代の **F-86** から作り始めましょう。

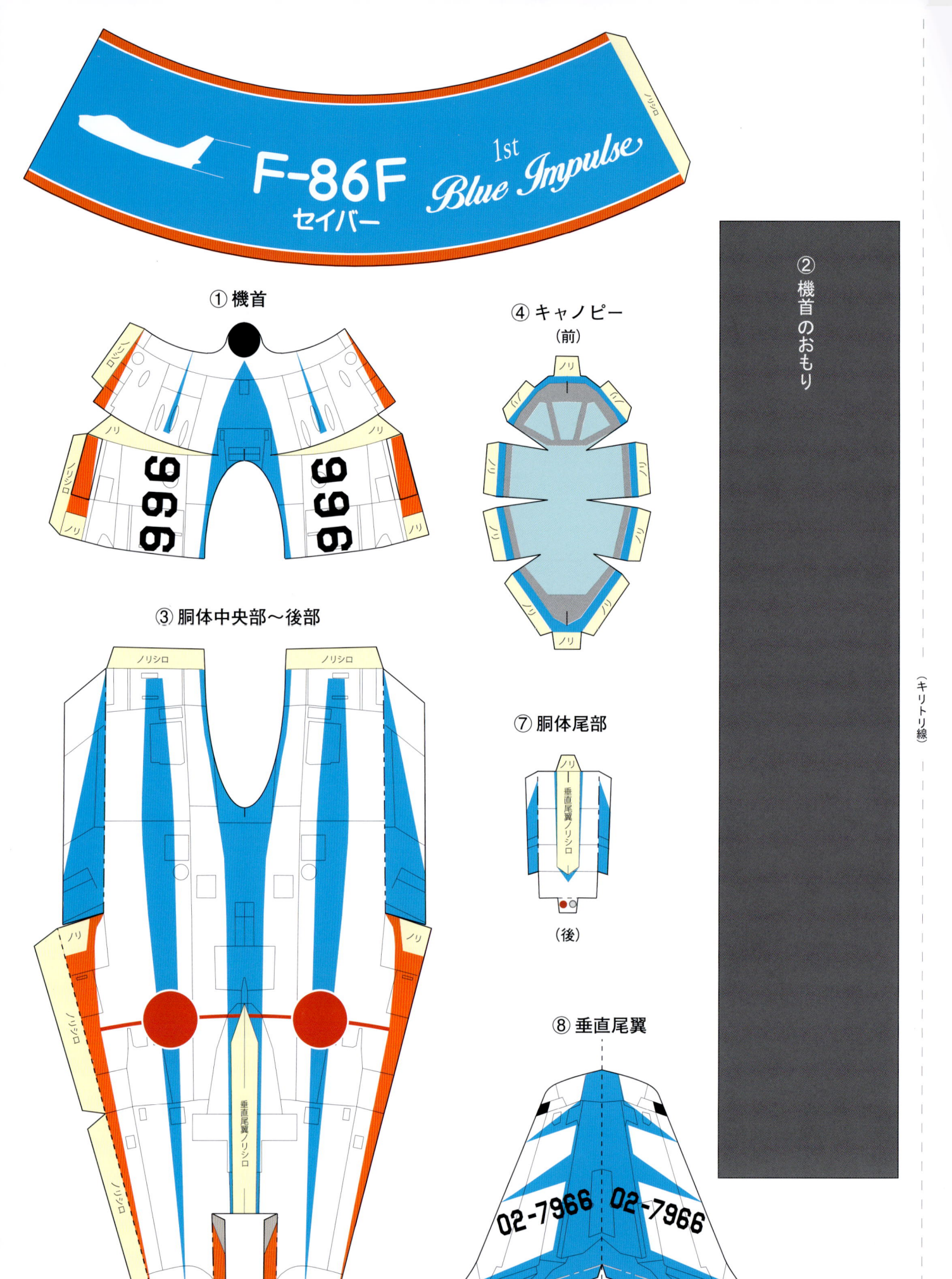

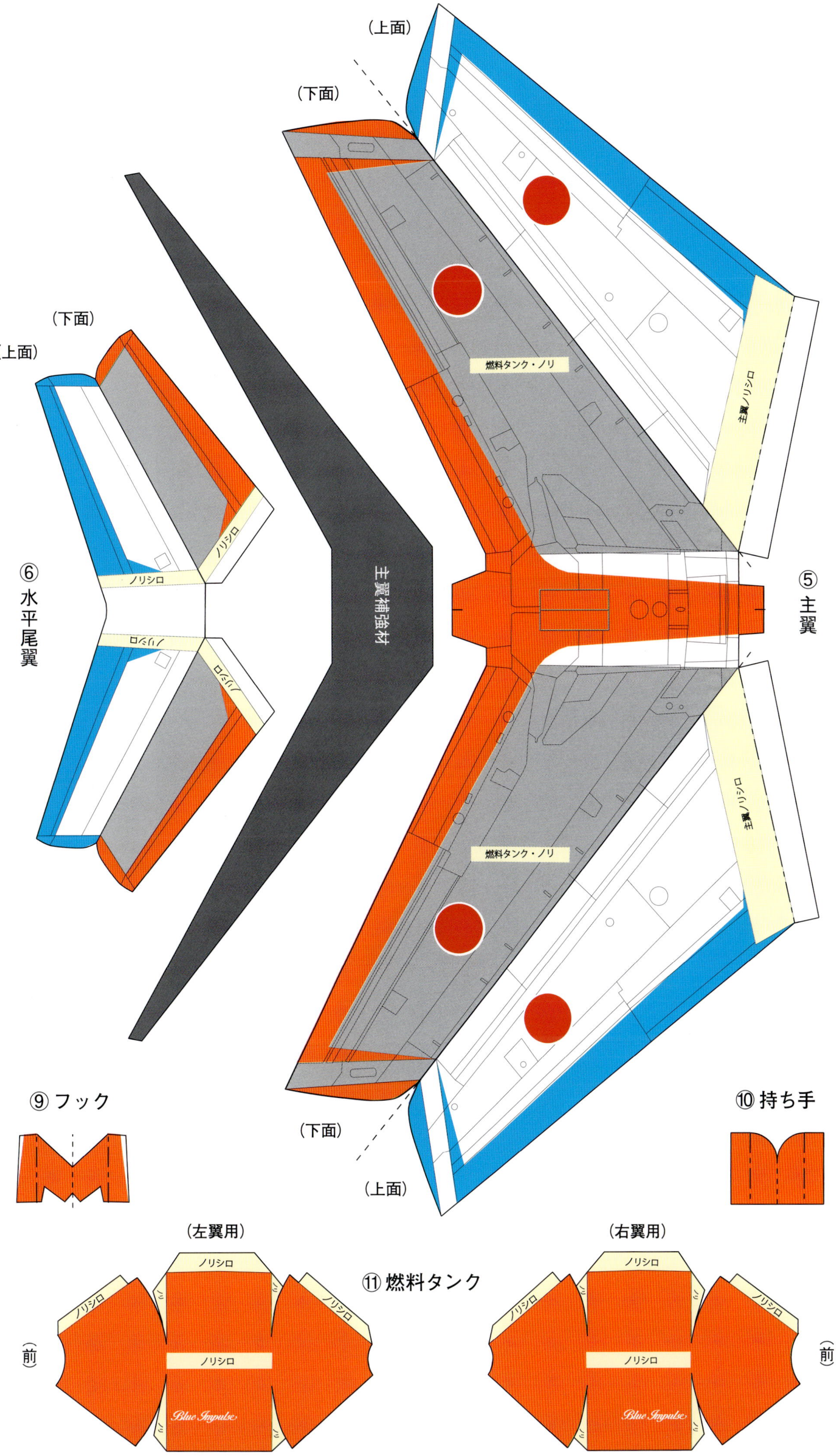

（上面）

（下面）

（下面）
（上面）

燃料タンク・ノリ

主翼ノリシロ

⑥ 水平尾翼

主翼補強材

ノリシロ

ノリシロ

ノリシロ

ノリシロ

⑤ 主翼

主翼ノリシロ

燃料タンク・ノリ

⑨ フック

（下面）

（上面）

⑩ 持ち手

（左翼用）

（右翼用）

⑪ 燃料タンク

ノリシロ

ノリシロ

ノリシロ

ノリシロ

ノリシロ

ノリシロ

（前）

ノリシロ

ノリシロ

（前）

Blue Impulse

Blue Impulse

T-2

2nd
Blue Impulse

① 機首・胴体前部

176   176

② 機首のおもり

③ キャノピー
（前）

⑦ 胴体上部
（前）

垂直尾翼ノリシロ

④ 胴体中央部

主翼前ノリシロ

ノリシロ

ノリ

⑧ 水平尾翼
（下面）

ノリシロ

（上面）

（キリトリ線）

（キリトリ線）

（上面）
ノリシロ
ノリシロ
ノリシロ
ノリシロ
主翼前ノリシロ
ノリシロ
ノリシロ
ノリシロ
ノリシロ
ノリシロ
（下面）
29-5176
11
29-5176

⑤ 主翼

⑫ 垂直尾翼

⑨ エンジン・ノズル

ノリシロ
ノリシロ

⑩ 胴体尾部

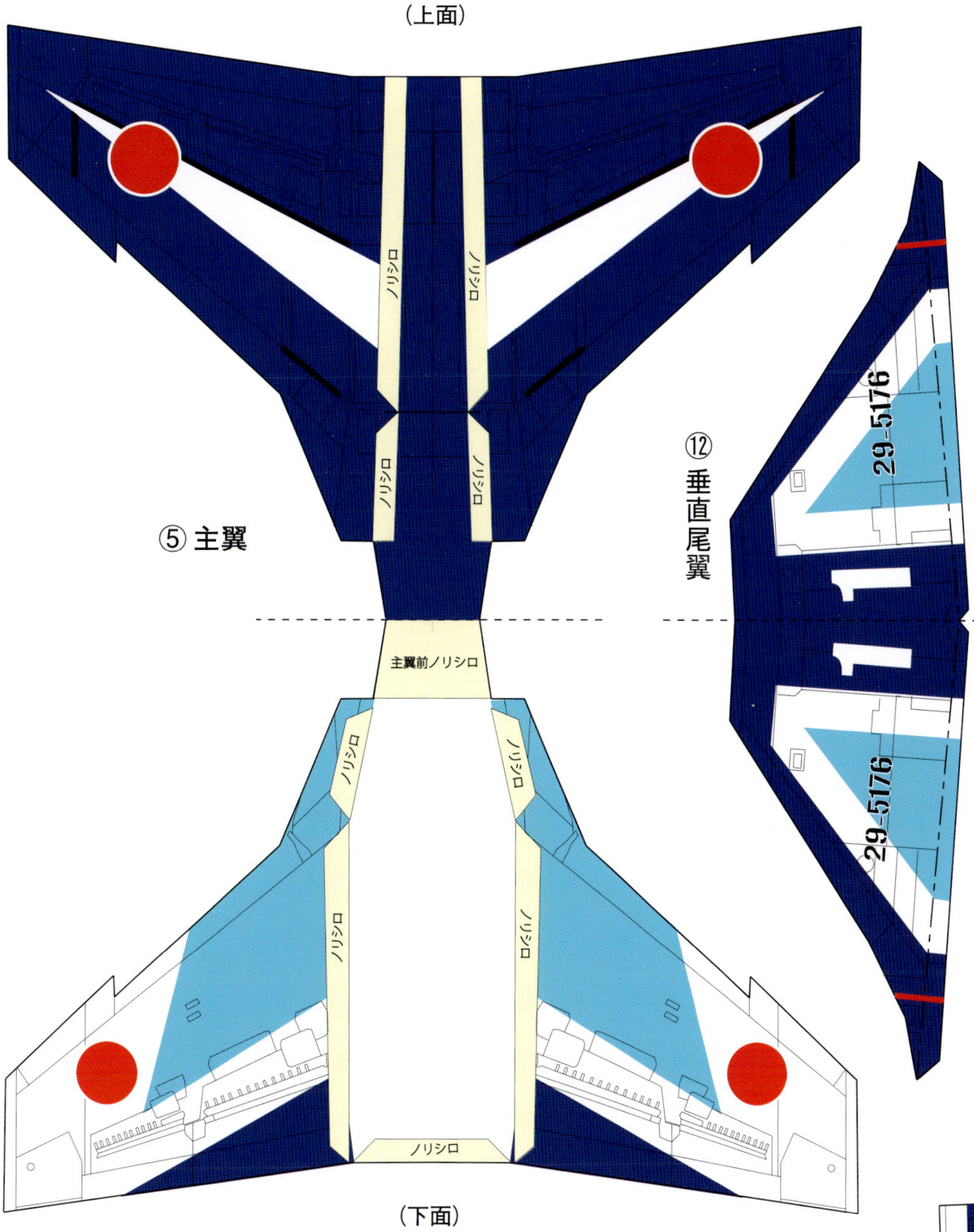

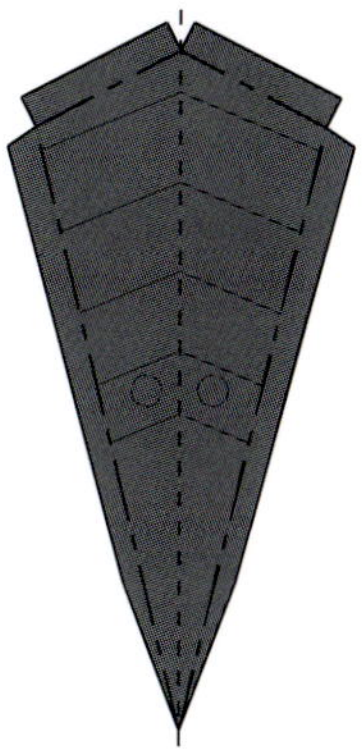

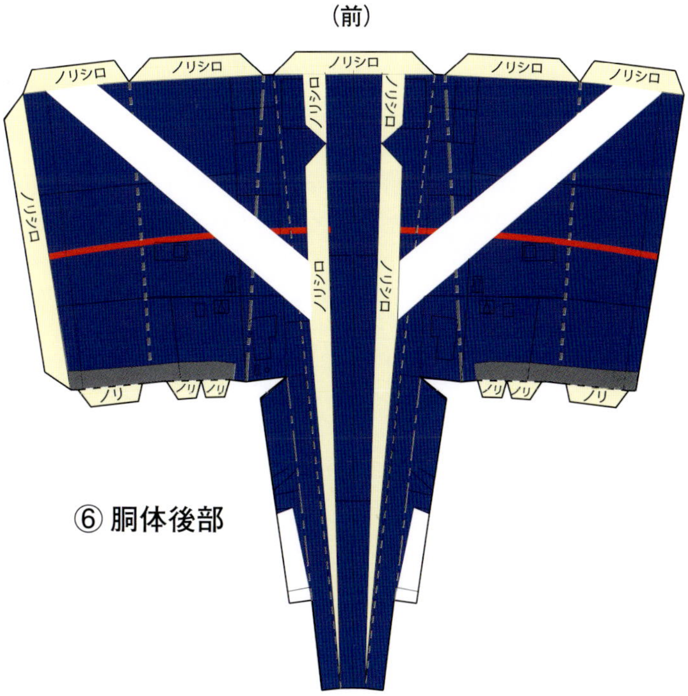

（前）
ノリシロ
ノリシロ
ノリシロ
ノリシロ
ノリシロ
ノリシロ
ノリシロ
ノリシロ
ノリシロ
ノリ
ノリ
ノリ
ノリ
ノリ
ノリ

⑥ 胴体後部

（左）

ノリシロ
ノリシロ
（前）
ノリシロ
ノリシロ

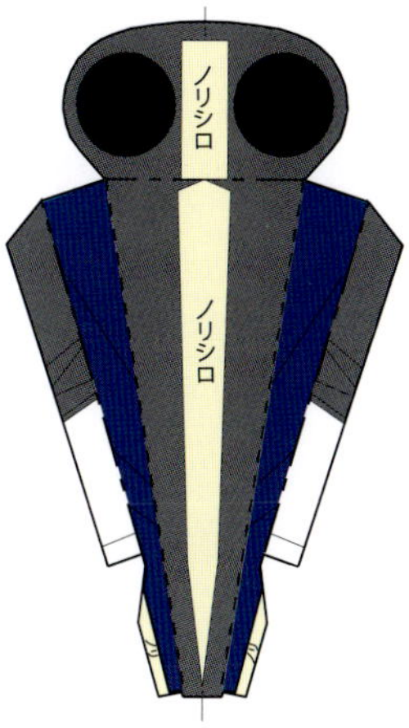

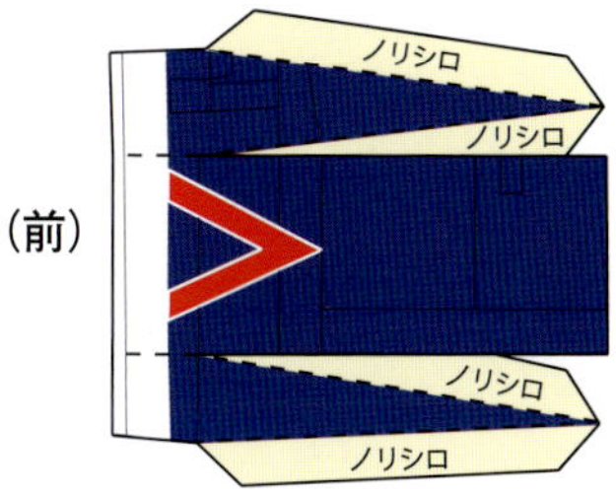

⑪ エア・インテーク(吸気口)

（右）

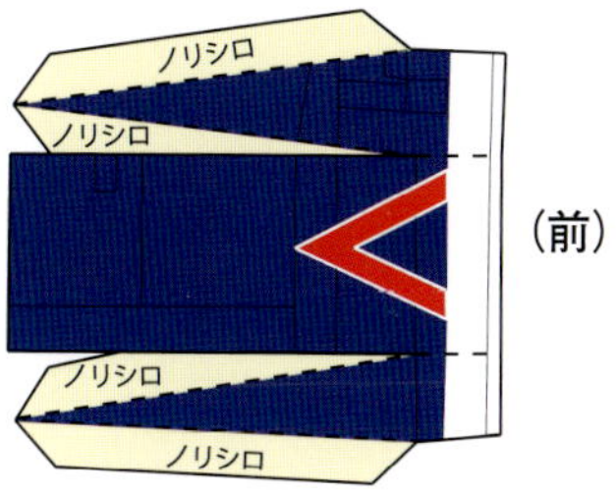

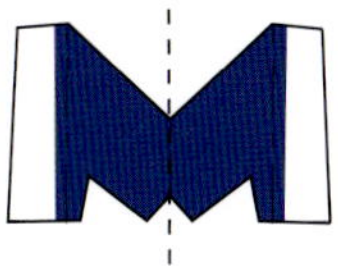

ノリシロ
ノリシロ
（前）
ノリシロ
ノリシロ

⑬ フック

T-4 🐬 Red Dolphin

① 機首・胴体前部

807

808

③ キャノピー

（前）

ノリシロ2

ノリシロ2

ノリシロ3

ノリシロ3

後部ノリ（裏）

後部ノリ（裏）

ノリシロ

ノリシロ2

ノリシロ3

主翼下面ノリシロ（裏）

エンジンノリシロ

エンジンノリシロ D

エンジンノリシロ A

主翼下面ノリシロ（裏）

エンジンノリシロ

ノリシロ

ノリシロ

ノリシロ

② 機首のおもり

② 機首のおもり

（キリトリ線）

⑦ 胴体上部

ノリシロ

ノリシロA（裏）

ノリシロA'（裏）

ノリシロB（裏）

ノリシロB'（裏）

垂直尾翼ノリシロ

ノリシロC（裏）

ノリシロC'（裏）

④ 胴体後部

主翼 ノリシロ

ノリシロ1

胴体上部ノリシロB

胴体上部ノリシロB'

エンジンノリシロ C

エンジンノリシロ E

エンジンノリシロ B

水平尾翼ノリシロ（裏）

水平尾翼ノリシロ（裏）

ノリシロ2

26-5807

26-5807

⑨ 垂直尾翼

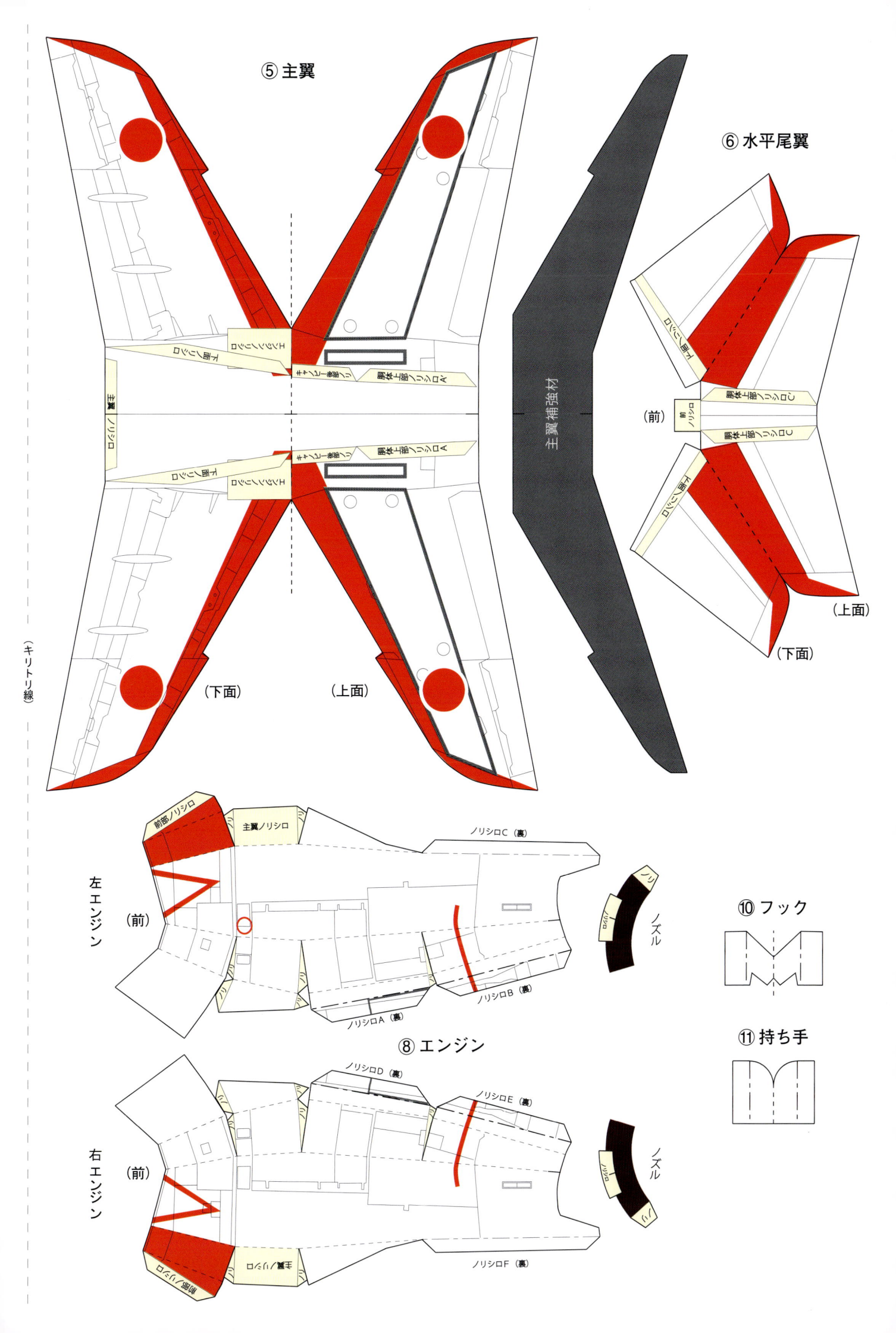

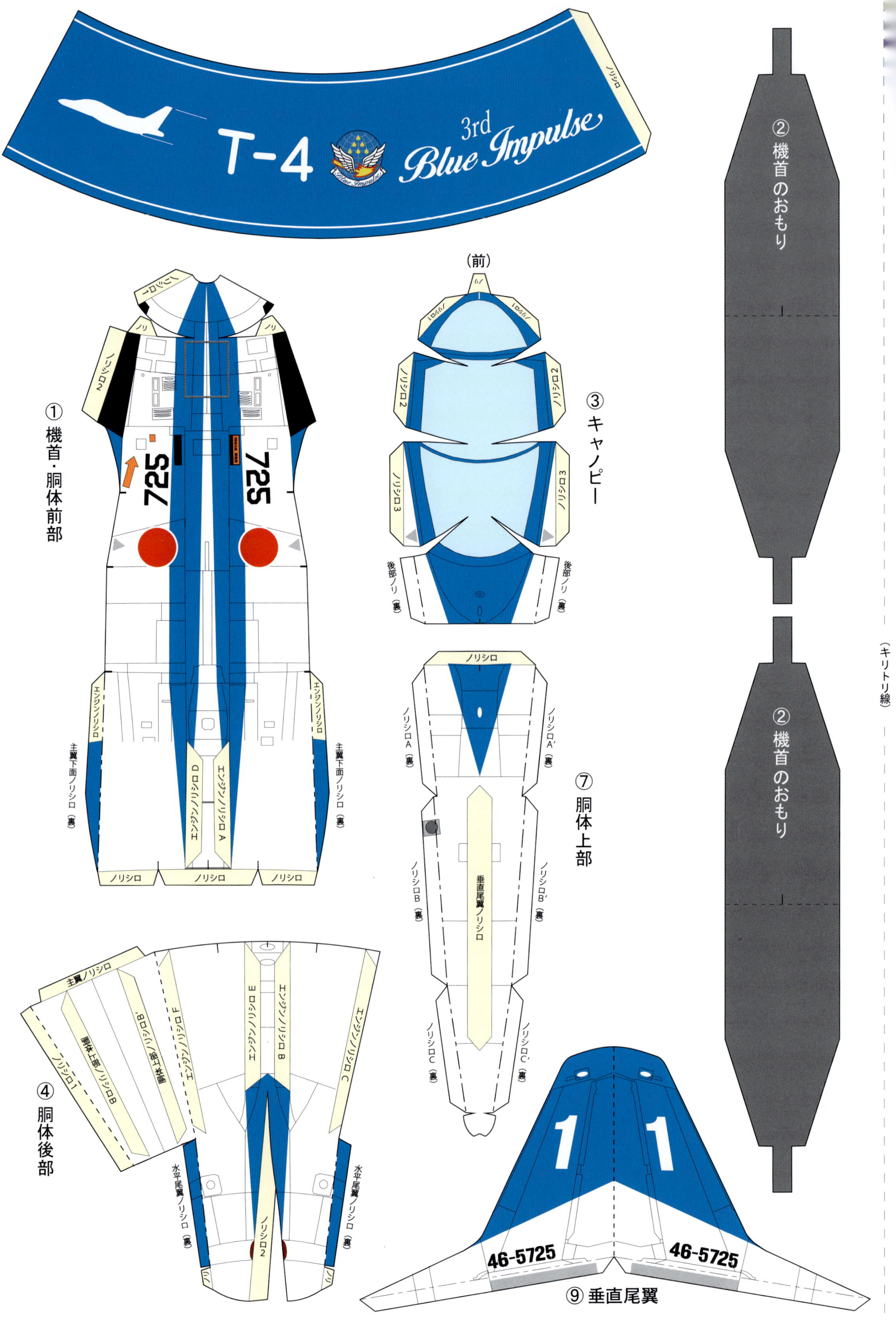

T-4
3rd Blue Impulse
① 機首・胴体前部
725
725
ノリシロ
ノリシロ2
エンジンノリシロ
エンジンノリシロA
エンジンノリシロD
主翼下面ノリシロ（裏）
② 機首のおもり
② 機首のおもり
（前）
③ キャノピー
ノリシロ1
ノリシロ2
ノリシロ3
後部ノリ（裏）
⑦ 胴体上部
ノリシロA（裏）
ノリシロA′（裏）
ノリシロB（裏）
ノリシロB′（裏）
ノリシロC（裏）
ノリシロC′（裏）
垂直尾翼ノリシロ
④ 胴体後部
主翼ノリシロ
ノリシロ1
胴体上部ノリシロB
胴体上部ノリシロB′
エンジンノリシロF
エンジンノリシロE
エンジンノリシロB
エンジンノリシロC
水平尾翼ノリシロ（裏）
⑨ 垂直尾翼
1
1
46-5725
46-5725
（キリトリ線）

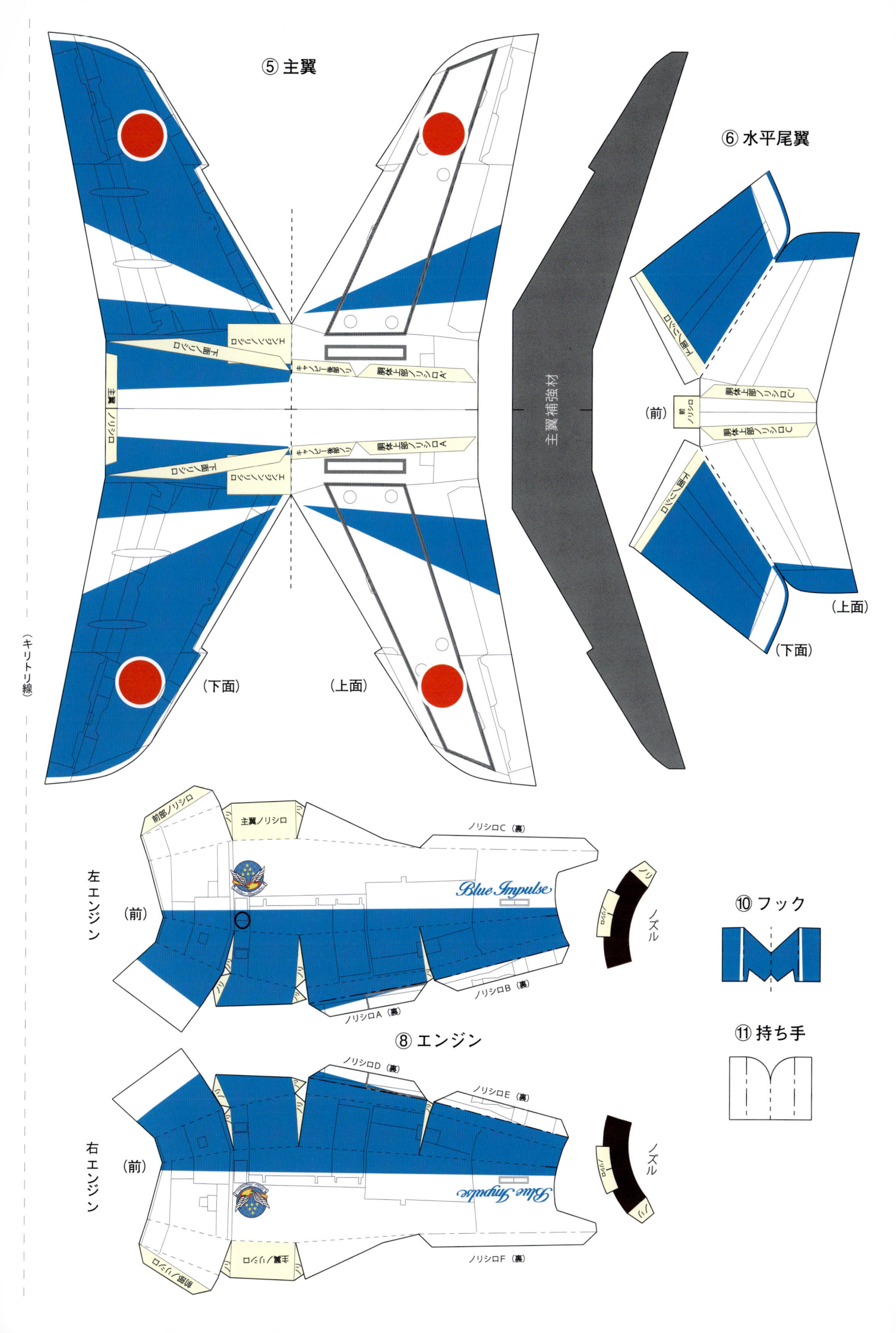

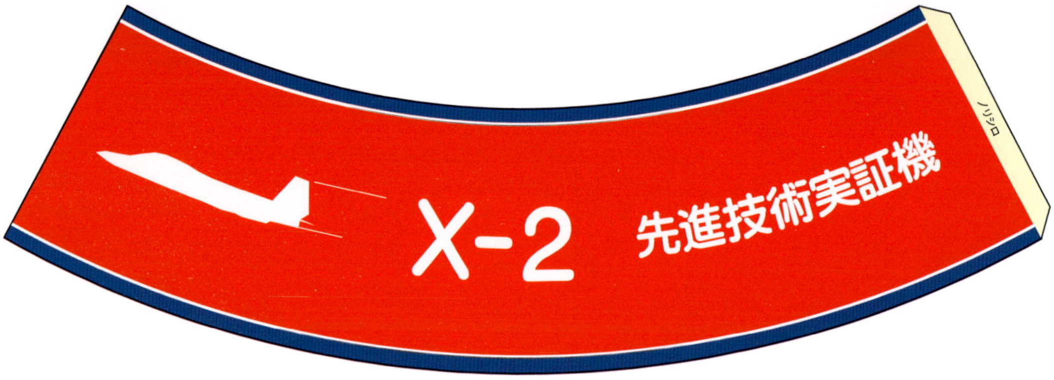

① 機首・胴体前部

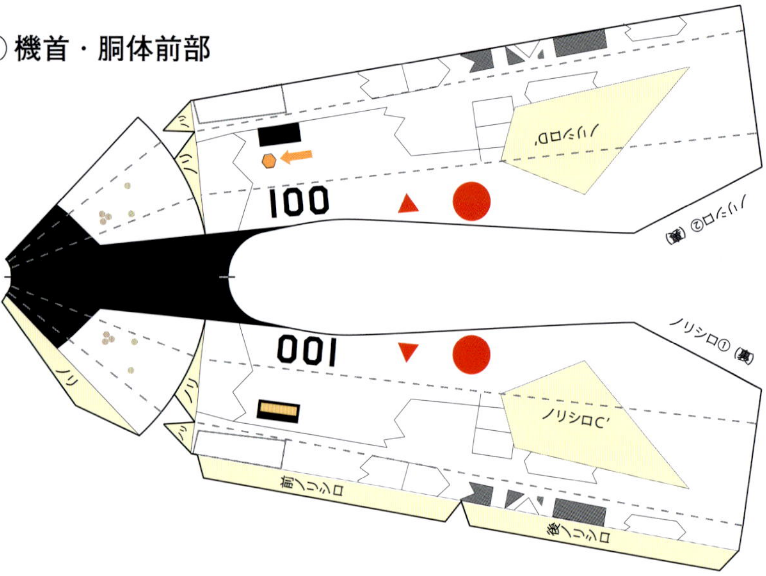

③ キャノピー

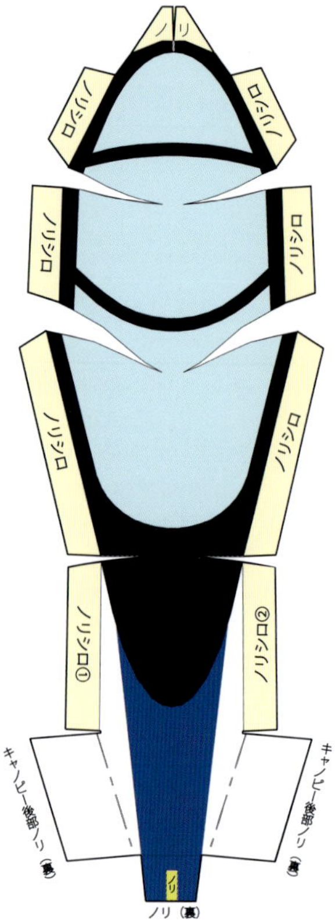

⑤ 胴体下部

（前）

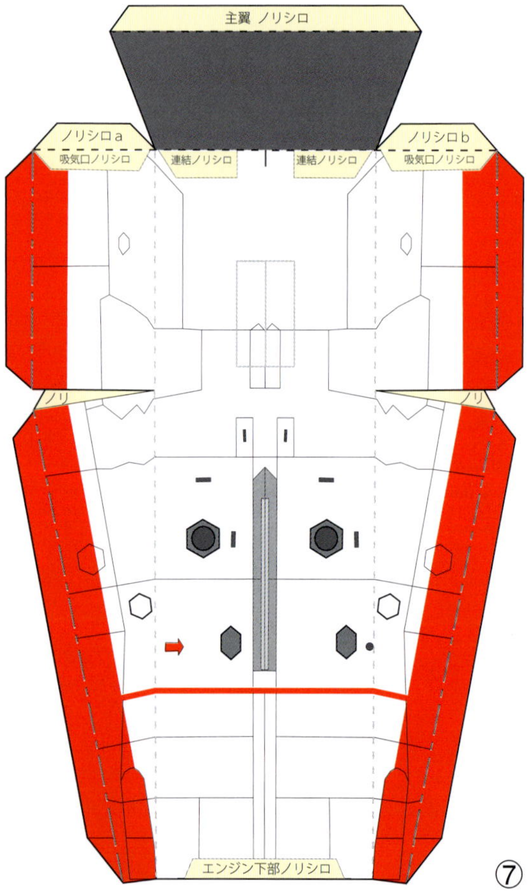

⑥ 胴体上部

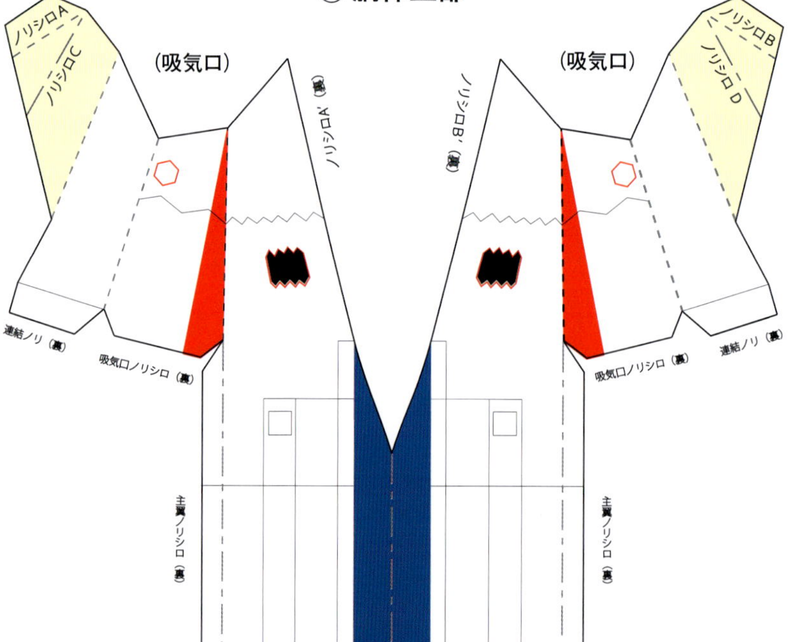
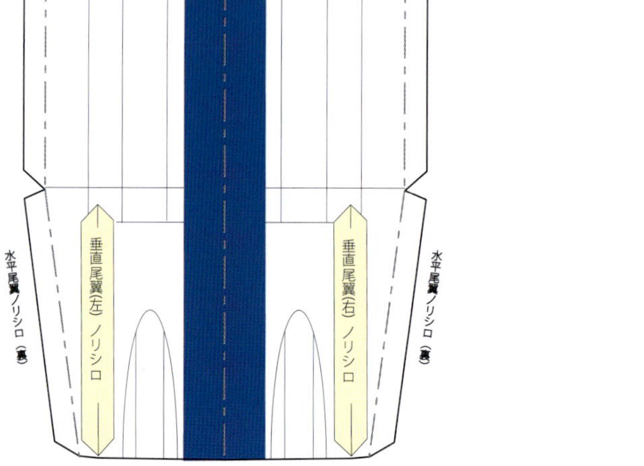

⑦ エンジン・ノズル

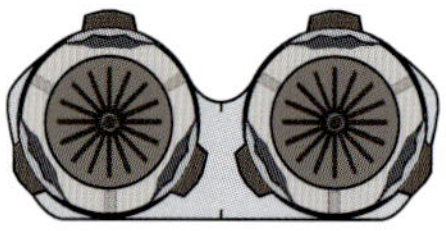

（キリトリ線）

② 機首のおもり

② 機首のおもり

⑨ フック

⑩ 持ち手

④ 主翼・水平尾翼

（上面）

（下面）

キリヌキ

⑧ 垂直尾翼

51-0001

51-0001

（右翼）

（左翼）

（キリトリ線）

主翼 ノリシロ

下面 ノリシロ

下面 ノリシロ

ゼロ戦　零式艦上戦闘機21型

① 機首

A　B

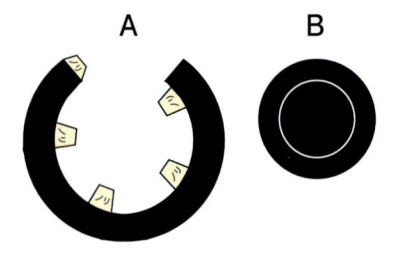

② 機首・エンジン部

（前）

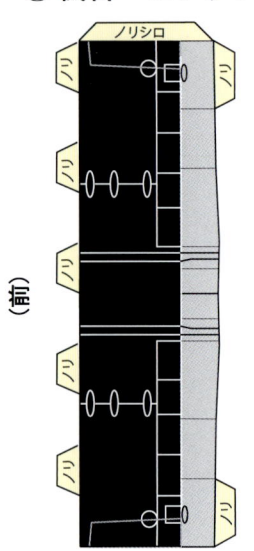

③ 胴体前部

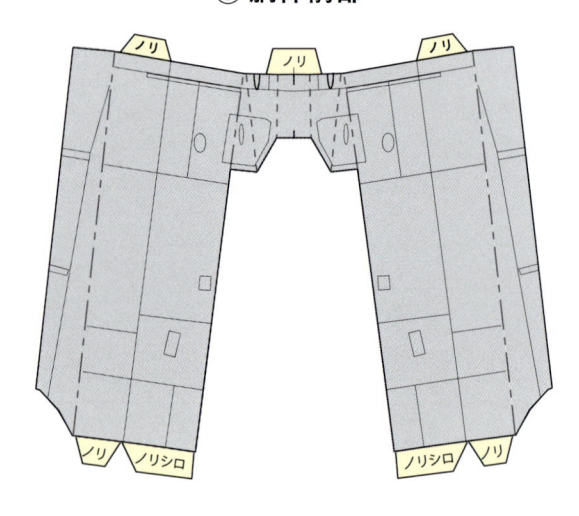

④ 機首のおもり

⑤ キャノピー

（前）

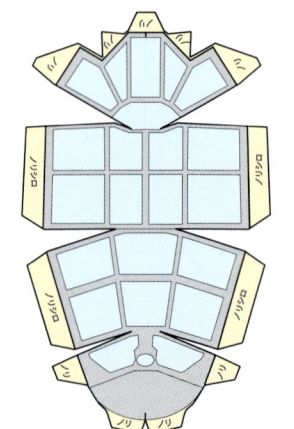

⑥ 胴体後部

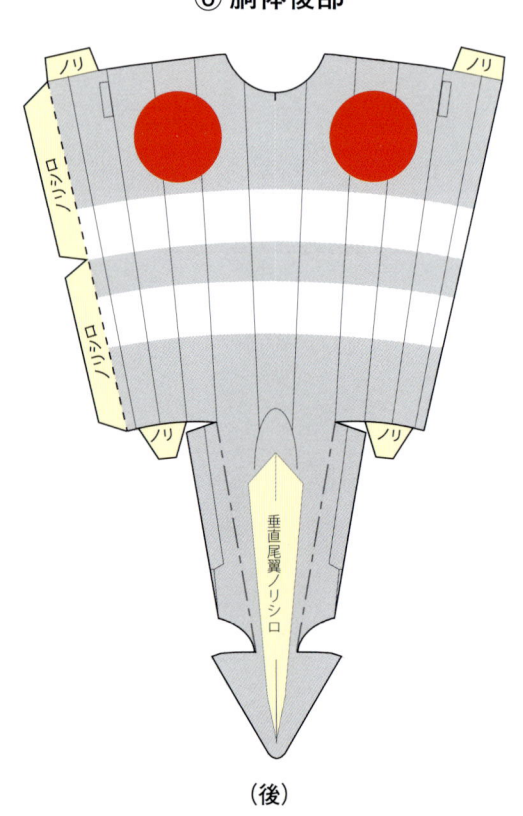

垂直尾翼ノリシロ

（後）

⑨ 胴体尾部

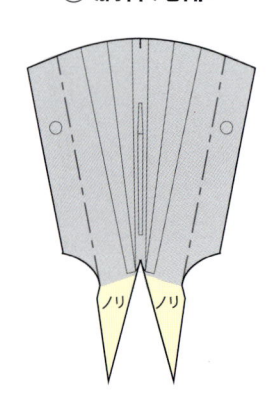

（キリトリ線）

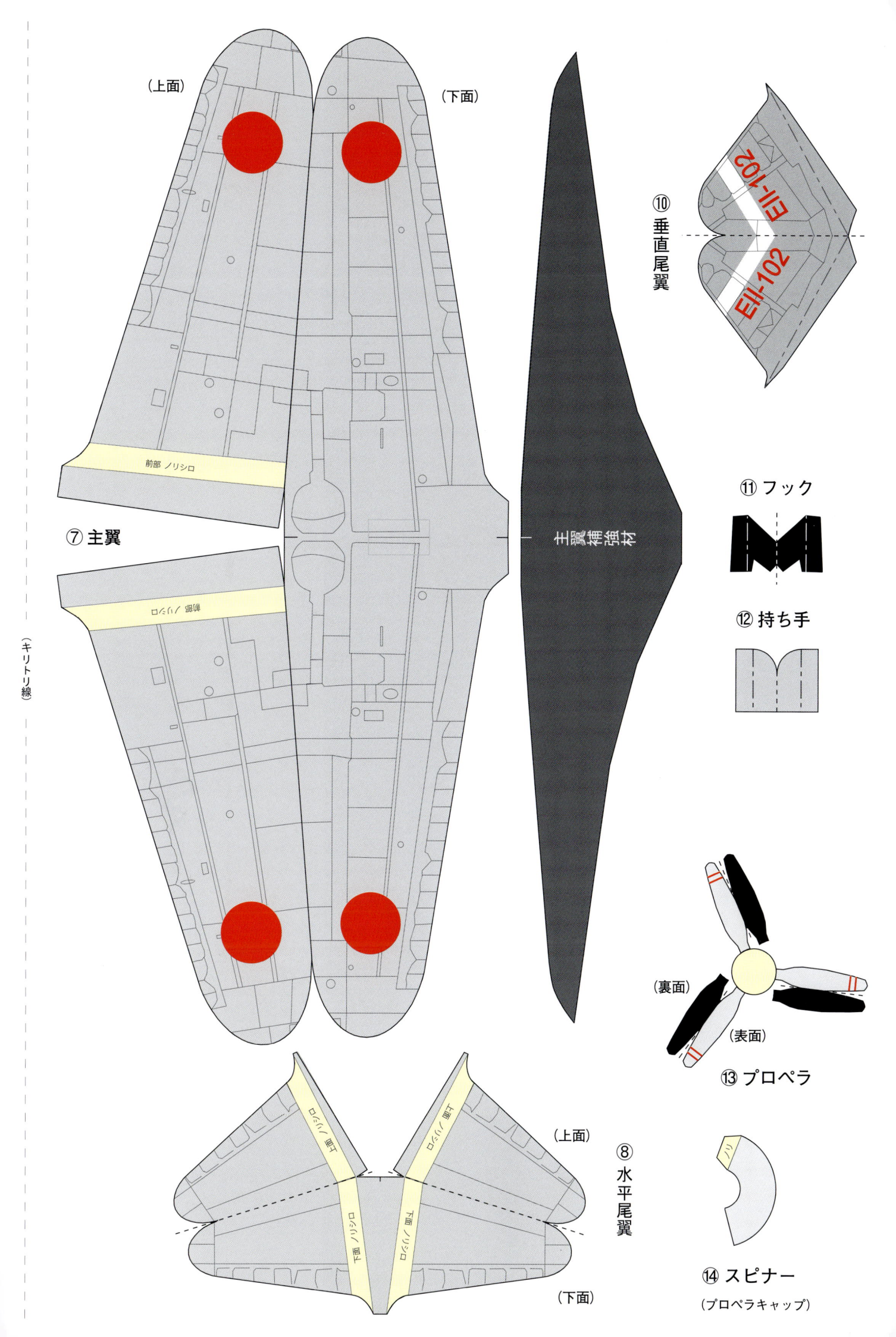

（上面）　（下面）

⑩ 垂直尾翼

EII-102

⑪ フック

⑫ 持ち手

⑬ プロペラ

（裏面）　（表面）

⑭ スピナー
（プロペラキャップ）

⑦ 主翼

前部 ノリシロ

主翼補強材

（キリトリ線）

⑧ 水平尾翼

（上面）

（下面）